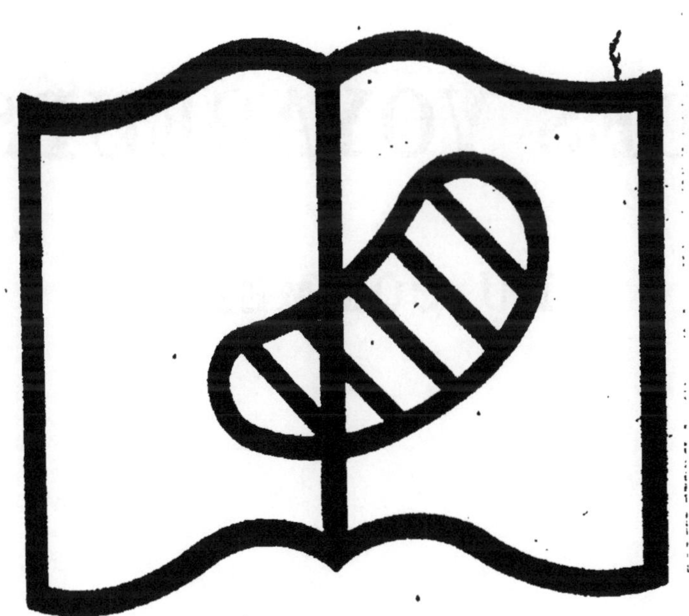

Original illisible

NF Z 43-120-10

"VALABLE POUR TOUT OU PARTIE
DU DOCUMENT REPRODUIT".

PHYSIOLOGIE

DES VOYAGEURS

DU COMMERCE

OUVRAGES DU MÊME AUTEUR :

Le Christ d'ivoire, ou la Fiancée de Puget.
Les Violons de Dalayrac.
Le Roman d'un Jeune Homme riche.

———

Pour paraître prochainement :

Les Orages du Cœur.
Mademoiselle de Lormel.

———

PARIS.—IMPRIMÉ CHEZ BONAVENTURE ET DUCESSOIS,
55, quai des Augustins.

PHYSIOLOGIE

DES

VOYAGEURS

DU COMMERCE

Étude

PAR

A. FOURGEAUD

PARIS

E. DENTU, ÉDITEUR

LIBRAIRE DE LA SOCIÉTÉ DES GENS DE LETTRES

PALAIS ROYAL, 18, GALERIE D'ORLÉANS

—

1860

PHYSIOLOGIE

DES

VOYAGEURS DU COMMERCE

DESCRIPTION

Le commis - voyageur n'existe plus. Sa gloire s'est évaporée en un jour, comme le bouquet d'un feu d'artifice, au plus beau, mais au dernier moment. C'est le grand Balzac qui a mis le feu à cette gerbe de fusées. Fatale et déplorable apothéose ! M. Louis Reybaud lui-même, un mauvais plaisant d'économiste marseillais trop enclin à la libre concurrence entre romanciers, lui a porté le suprême coup de pied, en lui taillant son linceul dans les pages d'un volume exclusivement remarquable par la grosse intention de

bien faire. Embaumement nauséabond ! C'é-
tait plus qu'il ne fallait pour faire de l'illustre
Gaudissart un fossile historique. Que Dieu
conserve ces nobles restes aux Cuviers de l'a-
venir ! Nous lui devions notre oraison fu-
nèbre.

Mais le vide eût été trop immense et il a dû
être comblé. Le voyageur de commerce,
heureusement, s'est saisi du carnet d'échantillons du défunt, sans garder peu toutefois
de sa sociabilité native et moins encore de
son originalité caractéristique. Il s'approprie
officiellement, en revanche, l'allure gour-
mée, les épais favoris, le ton dogmatique et
glacial recommandés par les modes de l'époque à nos désillusionnés et à nos vieillards
de vingt ans. Rien en apparence et en réalité
ne distingue le voyageur de commerce du
vulgaire troupeau humain. Même amour de
la forme indépendante du fond, même affectation du sérieux arrêté à l'épiderme. Comme
tout le monde aujourd'hui, il n'aime et ne
déteste rien profondément. Il n'a de foi qu'en
son propre mérite, parle politique et de toutes choses sans avoir d'opinion, accepte volontiers la doctrine terne de son client, doute
légèrement de la nécessité d'une religion pour

les peuples, et n'est bien positivement convaincu que de l'imbécillité des gens qui se passionnent pour une idée désintéressée. Sur ce dernier point toutefois, il ne donne la volée à son sentiment qu'avec ses confrères, à l'estaminet, *inter pocula*, aux heures où les gilets et les consciences se déboutonnent.

Mais il vaut bien mieux qu'il ne veut le paraître, absolument comme son siècle si joli à la surface, si nul au fond, si unanime dans son indifférence pour le mal et le bien, et si démoralisé par défaut de croyances. Le voyageur de commerce, d'ailleurs, ment plus encore que tout autre à cette indifférence de commande pour lui. Son indigence de cœur est incompatible, d'ailleurs, avec sa vie vagabonde et rapide. Nous nous hâtons en conséquence de le mettre à part de cette génération sans vigueur. Il croit, lui, encore à quelque chose, s'il reste tiède au chapitre du chauvinisme pratiqué par l'illustre Gaudissart. Mais où il ne se sépare pas de son siècle et de ses contemporains, c'est sur l'estime où il tient la pièce de cinq francs, et, excusé par le besoin et sa situation, il se mêle au chœur général qui crie à cette fée monétaire : Fais-moi jouir !

Gardons-nous nonobstant de faire le procès de personne, pas plus des voyageurs de commerce que des mœurs mercantiles et effacées de ce temps. Diable! Ne nous suscitons pas une méchante affaire avec le suffrage universel! Mais continuons le dessin en profil de notre excellent jeune homme.

Nous avons vu un des côtés, le côté moral, par où il touche et appartient à son époque. Examinons par où il en diffère, et là comme ailleurs, l'humanité se montrera meilleure qu'elle ne veut le laisser croire.

Les voyageurs de commerce, on ne saurait le nier, manquent entre eux d'étiquette. Leurs allures et leurs propos n'ont pas tous les voiles qu'il faudrait. Mais peut-il en être autrement, et les dames du grand monde n'ont-elles pas toujours et constamment répugné à leur venir apprendre, à l'estaminet où ils résident, la façon de vêtir décemment une pensée sans feuille de vigne? Il y a donc lieu, pour l'avocat du voyageur de commerce, de plaider les circonstances atténuantes devant le tribunal des légistes de la civilité puérile et honnête. Les faits à la charge de l'accusé sont avoués, mais ils ne sont pas sans excuse. L'éducation de cette classe intéressante de ci-

toyens, ses défenseurs en gémissent plus que
pas un, est mal vue de la masse si elle a quelque vergogne. On va même jusqu'à la quali-
fier d'aristocratie dans les rangs où elle est
affectée, sans relief ou complétement nulle.
L'instruction universitaire, en effet, nous le
constatons avec peine, a manqué presque
complétement d'esprit de suite et de persévérance parmi les négociateurs du négoce.
L'orthographe même, nous n'hésitons pas à
en demeurer d'accord, ne leur est pas toujours familière, et leur langue maternelle
n'est pas constamment pour eux invariable-
ment conforme aux règles académiques. Les
néologismes y scintillent comme les étoiles
au ciel. Mais chaque métier a les siens, et
c'est le pittoresque de l'état. Çà et là néanmoins, il se rencontre par miracle bon nombre de voyageurs lettrés, même quelques
écrivains en fourrière, une dizaine de lati-
nistes égarés. On chercherait vainement
parmi eux un helléniste, bien qu'à notre connaissance, il s'y soit rencontré deux ou trois
Grecs. Ceux-ci toutefois avaient exclusivement
appliqué leurs facultés intellectuelles au per-
fectionnement approfondi des cartes bizeau-
tées. Mais ces individualités excentriques ap-

partenaient-elles en réalité au commerce ? J'en douterai toute ma vie pour des motifs plausibles, n'ayant jamais vu que des gens honorables à tous égards dans la corporation nombreuse des représentants commerciaux, et les compatriotes de Périclès dont il est ici question s'étant maintes fois hâté de quitter les villes de passage sans montrer les carnets d'échantillons qui pouvaient prouver le titre qu'ils prenaient ostensiblement.

Rentrons au café des voyageurs. Là, ils s'appartiennent tout à fait. Ils y chantent, rient, jouent tout à leur aise ; on dirait des gens qui se délassent d'une contrainte pesante. Les jeux amusants et puérils, la ventriloquie, les cris des animaux de basse-cour, ont pour eux le charme qu'y trouvaient nos naïfs ancêtres. Tout cela est si nouveau pour un auditoire sans cesse renouvelé. Toutes ces plaisanteries surannées ont pour les conscrits ignorants une fraîcheur d'improvisation et de gaieté impossible à des réunions sédentaires.

Aussi les vieilleries de tous genres, tombées ailleurs depuis longtemps aux limbes de l'oubli, rencontrent là des sectateurs fanatiques et les font rire comme on ne rit plus.

Ils ont ce bonheur que bien des gens voudraient avoir. Ne rit pas qui veut.

De fréquentes discussions s'élèvent au milieu des voyageurs de commerce, mais sans prendre les proportions sérieuses d'une dispute, du moins à de rares exceptions près ; car ils sont plus discoureurs que méchants. La haine leur est inconnue, et tel secourt un confrère dans la peine qui en a parfois été le but de propos déplacés. Par-dessus tout éclate dans leurs relations une cordialité naturelle, une charité légèrement gouailleuse à l'endroit de l'humaine espèce. Mais la qualité ou plutôt la vertu qui y brille d'un très-vif éclat, c'est une commisération, une généreuse prodigalité pour tous ceux qui souffrent. Que voulez-vous ! la famille de celui qui voyage , c'est le maître d'hôtel, cet ami si faussement affectueux, et son frère réel, c'est le confrère.

Ils sont tous bons comme une femme dévouée, s'ils sont vaniteux et simples comme des enfants. Il faut les voir dans les intérieurs où leurs affaires les introduisent, ces fanfarons de vice, ces calculateurs à la journée, ces politiques âpres au gain : comme ils se dédommagent de leur isolement par l'expansion de leurs cœurs excellents ! Comme le trésor d'affection qu'ils dépensent alors fait tomber leur masque d'insensibilité qui couvre si mal leur visage ouvert! Voyez-les embrasser les enfants, répandre des flots de dragées, vider le porte-cigares sur le comptoir du père, chanter les romances nouvelles à la mère et à la jeune fille, et caresser le chat, le chien et les autres bêtes du logis. Aussi, tous regrettent leur départ, et chacun, petit et grand, se souvient longtemps de leur passage.

Nous l'avons avancé avec raison : le voyageur de commerce vaut mieux que l'air qu'il se donne. Il échappe, grâce à ses habitudes de kaléidoscope, aux noires perspectives. Sa rapide existence ne lui donne pas le temps de considérer les mauvais côtés des choses et des événements. La philosophie de l'amour universel lui est naturelle, et si la tolérance était bannie de la terre, on en retrouverait l'étincelle proscrite dans ce cœur nomade. Elle est là à l'état latent, élémentaire, instinctif; mais son foyer ne s'éteint pas, car l'aliment n'en a pas été jeté à toutes les ronces du chemin.

Tel est au moral le voyageur de commerce. A l'extérieur, il ressemble à tout le monde. On trouve des voyageurs grands, petits, moyens,

niais, candides, barbus, rasés, de beaux, de
jolis, de vilains et même des bossus. Nous
n'en avons pas encore vu de boiteux, ni de
bègues. Les tables d'hôte et la voiture lui
procurent généralement de bonne heure un
notable embonpoint. Quelques individus ré-
sistent pourtant à ce bénéfice professionnel.
Le voyageur maigre est une exception, et
c'est ou un débutant, ou un grincheux chagrin des succès de ses confrères, ou le plus
souvent un amoureux qui aime trop. Un bon
coq n'est jamais gras.

Le voyageur de commerce connaît l'influence puissante du vêtement chez les modernes. Il sait que Chodruc-Duclos, le Dio-
gène de la Restauration, estimé par l'illustre
Gaudissart, serait conspué en l'an de grâce
1860. N'a-t-il pas raison sur ce point? Par ce
temps de préoccupations absorbantes, ne
juge-t-on pas exclusivement un homme à
son habit? Le voyageur sacrifie donc aux
exigences somptuaires de l'époque. Un tailleur en renom lui prodigue les savantes con-
ceptions de son ciseau et de sa couture. La
forme sauve tout aujourd'hui, et le client estime l'ordre manifesté par un crédit appa-
rent chez les fournisseurs. Mais dans le cos-

tume du voyageur de commerce, on ne re-
marque pas ces couleurs irrégulières et
criardes, ces coupes extravagantes qui parti-
cularisaient naguère le commis-voyageur.
De grosses breloques, parfois une bague
énorme, quelque menue bijouterie à la cra-
vate et aux manchettes, rappellent de loin
seulement un luxe excentrique disparu pour
toujours, espérons-le. Le fastueux confortable, rattaché à un sévère extérieur, séduit le
client qu'il faut charmer et convaincre. Or,
ce dernier point est le but du voyageur de
commerce.

Notre héros a sa petite expérience ; il sait
le commettant par cœur. Le refus dont sont
accueillies d'abord ses offres de service ne le
fait pas reculer, et il a raison. Si, en effet,
après l'ordinaire : — *Monsieur, je n'ai besoin
de rien,* — il se tenait pour battu, sa journée
entière serait *blanche,* immaculée, c'est-à-dire
qu'il ne couvrirait pas même les frais de
voyage. Il connaît heureusement l'inanité
des fins de non-recevoir ; et, sachant aussi la
valeur triomphante de la persévérance atta-
quant la lassitude, il ne se rebute pas, au risque d'être importun, insiste, pressé, persiste;
le récalcitrant résiste encore, mais faible-

ment, et l'éloquent voyageur jette pour péroraison, tout en chargeant de la voix et du geste, l'innombrable phalange enfermée dans sa boîte d'échantillons. Son boniment ne tarit pas ; il indique victorieusement l'avantage qu'aura son auditeur à la vente de tel article, puis de cet autre, de toute la collection, et conséquemment il conclut à une remise de quelques ordres, minimes s'il le faut, pour marquer son passage. Sa fougue, son entrain éclatent en hyperboles éblouissantes ; son *brio* interdit toute réplique, et ramène un moment au souvenir la mémoire vénérée du Napoléon des commis-voyageurs, du Gaudissart des grands jours.

Le client écoute, ouvre la bouche, balbutie, bâille et s'étire, stupéfait. Ses refus du premier moment flottent encore dans son esprit, mais inconsistants et douteux. Déjà les séduisants articles de la magique boîte sont dans sa main défaillante ; il les regarde à peine ; il conteste encore, examine, contrôle, réexamine, discute ; il marchande encore la victoire, mais c'est pour l'honneur seulement, car c'en est fait de lui, puisqu'il entre en pourparlers. L'éloquence a vaincu.

Alors l'enchanteur ralentit son débit pathétique. Il écoute avec déférence les objections, se rend aux plus faibles, redresse doucement les plus dangereuses, promet des miracles d'attention, de soins, de perfections. Il appuie sa courtoisie insinuante d'une admiration bien sentie pour un négociant si bon connaisseur, détournant ainsi les observations scabreuses. Son respect est maintenant énorme ; il devient extrêmement *coulant* sur les prix, les conditions d'escompte et d'échéance. Il n'insiste plus si ardemment, cède révérencieusement la parole qu'on lui coupe, il cède sur tout, flatteur jusque dans sa réserve. Rien, dit-il, à coup sûr, ne coûtera à sa maison pour mériter et conserver la confiance, les suffrages des honorables MM. Courtivaud, Bonasse et Foumarier.

Enlevé ! il a sa commission. Ses nerfs se détendent, et il donne, en récompense, à ses efforts, la revanche d'une salutation moins humble que satisfaite. Son chapeau sur l'oreille, il plie bagage en promettant *son double de commission* avant son départ, formalité qu'il ne remplit pas toujours exactement.

Ainsi les choses se passent quatre-vingt-dix-neuf fois sur cent. Et où est le sage assez fort pour résister jusqu'au bout aux instances d'un élégant jeune homme, sérieux, de bon ton, et d'une insistance si convenable ? J'en appelle aux bourgeois obsédés par les courtiers en vins, ces intrépides furets attachés à toutes les sonnettes.

Mais il est des jours fâcheux. Personne n'échappe à leur pesante influence, le voyageur, hélas ! pas plus que le bonnetier et le marchand de lacets. Malheur, si le temps pousse au sombre, à l'imprudent exposé à la première bourrasque d'un commettant placé sous la pression agaçante des nerfs et d'une température électrisée et trop négative ! Le voyageur échappe, il est vrai, plus qu'un autre, aux fatales impressions, et il ne se reconnaît pas d'ailleurs le droit d'être de mauvaise humeur. Son électricité s'accorde bien d'ordinaire à l'électricité contraire de l'air ambiant. Puis l'habitude du grand air et du mouvement, fortifiant en lui le système nerveux, laisse intacte l'élasticité de ses facultés et l'équilibre de sa joviale indifférence.

Mais les clients !

Il en est de mal appris qui, mal levés, mal lavés, sont fort maussades à la première heure du réveil. Une violente secousse morale peut seule débarrasser leurs sens en-

gourdis, comme un chien sortant de la rivière secoue l'eau qui l'inonde et les malins
insectes attachés à son poil.

Le déjeuner chasse aussi la maligne influence. Malheureusement encore, l'homme
qui digère, s'il est plus ouvert aux perspectives riantes, est moins facile à la persuasion
et aux bévues qu'un homme à jeun. Le voyageur expérimenté ne l'ignore pas, et le matin lui paraît offrir, bien mieux que l'heure
de la méridienne, la chance presque assurée
d'obtenir plus facilement l'ordre espéré.

Et en cela, il fait montre d'une sagacité
non médiocre. Le voilà donc en campagne
comme un soldat allant au feu, et se risquant
aux fluctuations d'un caractère inconsistant
et souvent irascible. Bah ! il n'en mourra pas,
et il jette résolûment en avant sa résolution
à l'encontre des obstacles. Persévérance et
lassitude sont ses mots d'ordre. Si le ciel est
chargé de vapeurs poussées par les vents du
sud-ouest, sa bravoure, son urbanité, ses instances, tout lui tournera à mal. Ses plus jolies anecdotes seront impuissantes à provoquer un sourire engageant, si même il peut
en commencer le récit. Le client n'est plus
une brebis, mais un hérisson ; c'est au solli-

citeur à deviner du premier mot les dispositions du sollicité. J'en sais de doués d'un flair
admirable, en telle circonstance où l'ardeur
ne peut rien. Ils paraissent sentir la fortune
contraire dans l'air, les nuées, la physionomie des passants et peut-être dans l'eau du
ruisseau.

—Il vente du boudin! disent-ils, faisant al-
lusion au conte où une fée malicieuse allon-
geait le nez de deux époux ambitieux.

Sur ce souvenir enfantin, mais au pronostic
infaillible, ils se retirent comme Achille, sous
la tente d'un café jusqu'à la dispersion du
brouillard ennemi.

Un de ces devins douta certain jour de ses
pressentiments souvent éprouvés. L'imprudent! il est vrai de dire, pour sa décharge,
qu'il était chef de maison depuis peu et qu'un
concurrent formidable était arrivé dans la
nuit. Il alla donc en chasse, comme on dit fa-
milièrement entre voyageurs, et cette fois
bien malgré la déesse.

Sa vanité présomptueuse éprouva aussitôt
l'échec annoncé par les signes célestes. Il
essuya d'abord naturellement le refus habituel ; mais il s'y attendait comme à mourir
un jour.

—Rengaîne ! pensa-t-il, ne soupçonnant pas la grimace que lui faisait la fortune contraire. Cher Monsieur, fit-il de sa voix câline et claire, vous ne pouvez ne pas *marquer* mon début de patron.

Pas de réponse. L'interlocuteur semblait absorbé dans un rayon de coutellerie. Notre voyageur, difficile à démonter, imputa ce silence à la distraction ; il songea à la soumission ordinaire du client, et répéta sa phrase quémandeuse.

Le client se retourna et rugissant comme un lion apoplectique :

—Ah ça ! f.....-moi la paix ! s'écria-t-il d'une voix à ébranler les sphinx d'Égypte sur leur base de granit.

Notre ami, chatouillé dans sa dignité de patron plus qu'il ne lui plaisait, mal réveillé aussi sans doute ce matin-là, ne plia pas les épaules sous l'Aquilon ; au contraire, on s'irrita de part et d'autre. Les choses les plus désobligeantes s'échangèrent, entre autres quelques légers coups de poing... Bref on se battit ce jour-là entre deux comptoirs, et le lendemain d'une autre façon, au pistolet. Cependant la seconde rencontre manqua encore plus de gravité, car vingt-quatre heures avaient heureusement suffi pour rendre aux deux adversaires leur humeur pacifique. On se réconcilia à déjeuner, dont nous étions, et la paix fut signée à la suite d'une belle commission rédigée à table. Le plus singulier peut-être de l'affaire, c'est la présence à toute l'aventure du concurrent redouté. Il fut tour à tour un des témoins du duel et du traité de paix.

Toutes les chances ne sont pas mauvaises, comme on voit, dans la carrière du voyageur de commerce. Tant s'en faut; elle offre même à l'actif de ses avantages de grandes jouissances de distraction, de vanité et de bonne chère.

Le client est mainte fois l'ami du représentant; il ne connaît pas autrement la maison qui lui vend, et les difficultés inhérentes aux opérations s'aplanissent bien plus facilement, grâce à ces relations cordiales, que par la voie juridique. Le voyageur est le commensal, le journal bien informé du provincial négociant: Il est agréable, joyeux, toujours amusant, et il vulgarise les conquêtes de l'industrie et des arts; on le croit comme l'Évangile; ne vient-il pas de Paris? Gaudissart fut moins heureux, lorsqu'il porta à Castelnaudary la nouvelle des chemins de fer. Il est vrai que si on lui rit au nez, il n'était pas parfaitement sûr lui-même de l'invention, bien que le câble du railway de Saint-Étienne l'eût récemment remorqué à l'aide de sa machine fixe. Mais il croyait avoir rêvé un long convoi sans chevaux, et s'il en parla sur son chemin; il ne l'admit en lui-même que comme un jeu d'esprit propre à l'amusement de la clientèle charmée.

Le voyageur de commerce n'a pas ses déboires, et il annoncerait la résurrection de la grande armée que l'on ne se récrierait pas. Il fascine réellement le commettant, et quand il devient patron, il entraîne la clientèle qui lui échappe insensiblement lorsqu'il a mis un représentant à sa place, si celui-ci pratique mal la science de l'insinuation.

Mais nous anticipons sur les particularités de notre œuvre. Nous allons les décrire successivement.

CLASSIFICATION GÉNÉRALE

Trois branches principales divisent aujour-
d'hui la profession de voyageur de commerce.

Le voyageur en titre ;

Le voyageur à la commission ou à la
carte [1] ;

Le voyageur en titre et à la commission
tout à la fois.

Expliquons ces trois termes :

Le voyageur en titre est sous la dépen-
dance absolue d'un patron. Il est la chose de

---

[1] *Étym.* Ce mot vient de la carte à laquelle sont
attachés les échantillons d'une industrie parculière,
la mercerie ou l'article de Paris. *Commission* vaut
mieux ; *carte* est plus ancien.

l'homme qu'il représente, engagé envers lui à observer et à garder strictement l'itinéraire dressé d'avance par le maître, et à s'interdire toute autre occupation étrangère aux intérêts de la maison à laquelle il est en quelque sorte inféodé. Des appointements fixes lui sont alloués annuellement, et il lui est de plus attribué pour ses tournées un maximum de dépenses flottant, selon le poids de ses échantillons, entre dix et vingt-cinq francs par jour.

C'est là, à proprement parler, un employé-commis aux voyages, notre définition dût-elle soulever les indignations de Messieurs du commerce, et il n'a donc pas dépendu du voyageur en titre que l'ancienne dénomination de commis-voyageur fût maintenue au dictionnaire des hôteliers et des marchands de nouveautés. La Providence avait arrêté dans ses desseins la prépondérance du voyageur à la carte.

Le voyageur à la carte ou à la commission, très-commun et très-répandu maintenant, n'a ni appointements fixes ni indemnité de route à revendiquer. Qu'il dépense peu ou prou en voyage, nul que lui-même n'a à y voir, car il vit sur ses coffres. Indépendant de fait comme en droit, maître de son initiative, n'appartenant en propre à aucun patron, son itinéraire dépend de sa seule fantaisie. Une commission (on dit aussi provision) sur les affaires dues à ses soins, variant de un à dix pour cent et recouvrable d'ordinaire après encaissement par l'expéditeur, le récompense de son activité et répond de son attention à ne faire que de bons placements.

Ce mode de représentation paraît présenter un sérieux avantage, puisque son usage tend à se généraliser depuis une vingtaine d'années. Si le voyageur y trouve en effet, outre une plus grande liberté d'allures, une émulation également profitable au représentant et au représenté, le chef de la maison en établit plus nettement de son côté l'équilibre de ses frais généraux et de ses comptes de vente et de revient.

Quelques patrons bienveillants et satisfaits ont exceptionnellement autorisé parfois leurs voyageurs en titre à joindre une ou deux cartes étrangères à leurs occupations officielles. Le cas est rare néanmoins et un voyageur adoré peut seul espérer de jouir d'une telle faveur. Au surplus (nous devons tout dire) la généreuse condescendance du chef de maison n'est pas toujours dans ce cas absolument gratuite, car il sait s'autoriser de sa tolérance facile pour réduire quelque peu les frais de tournée marqués précédemment à sa charge.

Le voyageur en titre, aussitôt rentré au siége de la maison qu'il représente, travaille peu, se lève tard, et s'il surveille l'exécution de ses commissions, il se plaît plus volontiers à amuser les employés sédentaires par ses bons mots et le récit de ses aventures étonnantes, bien que controuvées le plus souvent. C'est là une des cent façons de se reposer de ses fatigues. Se repose-t-il réellement? L'expression n'est pas toujours exacte, car son séjour est l'occasion pour lui des plaisirs variés et turbulants.

Quant au voyageur à la commission, il ne paraît chez son patron que pour lui tirer son chapeau, le remettre, et à son nouveau départ, pour régler son compte et toucher ce qui lui est dû. La mélancolie ne l'attriste guère pendant son éclipse, dit-on derrière les comptoirs; mais comme il est libre, tous l'envient. Il peut aller, venir, s'arrêter où bon lui semble ; c'est un gaillard, le plus heureux des mortels.

Certains patrons voyagent en personne. A quelle catégorie appartiennent-ils? Est-ce bien là un voyageur? Et si oui, est-il voyageur en titre ou à la commission? Ni l'un, ni l'autre, ni voyageur, ni commis, pas même patron, selon nous, car sa place est au gouvernail, à la surveillance générale et non au recollement des détails. C'est un patenté en tournée, patron, s'il vous plaît, mais patron inconsidéré qui serait mieux ailleurs. A tort, le patron qui voyage croit cumuler l'économie des frais d'un voyageur et les bénéfices de l'inventaire. Il se trompe et son erreur lui sera bientôt démontrée. En attendant, il nuit par ses concessions à ses concurrents et à lui-même, car il lui faut absolument une récolte et il prend à peine le temps de la faire. De plus la corporation le voit d'un mauvais œil; il ne se mêle pas à ses expansions, reste isolé, tant il est mal à l'aise, et il se dépêche, *il brûle les villes*. A tous les points de vue, son intérêt l'exhorte donc à rester chez lui. Qu'il prenne un représentant sans tarder, car il gaspille la clientèle.

Nous avons dit ce qu'il fallait entendre par voyageur en titre, par voyageur à la commission, et par voyageur qui est ceci et cela. Il nous resterait encore à expliquer ce qu'on entend par voyageur marron. Mais ce protée du commerce échappe à l'analyse. Qui a su jamais qui il représentait? Il faudrait donc des volumes pour décrire cette personnalité originale, mais multiple. Ce serait l'histoire aventureuse, le roman, et non une physiologie rattachée à une classification générale ou particulière d'individus quelconques. Le voyageur marron, véritable caméléon, échappe à votre objectif comme à la connaissance du plus grand nombre des voyageurs réguliers. Nous le mentionnons donc seulement pour mémoire.

LOCOMOTION

Il existe aujourd'hui, pour les diplomates du commerce, divers modes de locomotion.

Autrefois, les routes n'étant que d'étroits sentiers, il y avait impérieuse nécessité de les suivre à cheval. Ce fut le beau temps des voyageurs dits *à trois courroies*, c'est-à-dire à six valises, trois devant, trois derrière... règne sans partage.

Plus tard, la viabilité s'améliorant, le cheval fut attelé à un cabriolet à deux roues. Le tilbury jouit dix ans ainsi de la faveur commerciale. Hélas ! les modes sont changeantes comme les flots ! on rencontre encore aujourd'hui sur les routes qui conduisent aux bourgades écartées d'un service de communication régulière, quelques voyageurs conduisant un cheval attelé à quatre roues surmontées d'une capote. Ce sont ordinairement les représentants de marchands d'étoffes pour tailleur, de mercerie ou de denrées coloniales. Ils ne s'écartent jamais beaucoup du siége de la maison, la nature de leurs opérations étant restreinte à un rayon borné. Ils sont peu nombreux, et leur sociabilité se satisfait dans la compagnie des filles d'auberge et des palefreniers. Mais ils sont des souverains populaires et absolus! Plus d'un est devenu un cuisinier consommé, grâce à sa solitude et à des dispositions particulières aidées par les circonstances. Tous se connaissent en cuisine propre à un estomac chrétien. L'ennui, qui naît de l'uniformité, presse parfois le voyageur en cabriolet. Alors survient une Ariane délaissée au départ et l'ennui prend congé pour quelques jours. Thésée n'est pas toujours oublieux.

Les diligences, qui ne le sait? touchent à leur déclin. Celles qui persistent, sur les parcours excentriques, font aujourd'hui trois lieues à l'heure. La locomotive les a poussées à ce progrès, et le public sans reconnaissance reproche à ces chevaux de feu leur lenteur calculée. L'homme n'est jamais content, Oiseau sans ailes attaché par une patte, il tend toujours son vol vers l'idéal, et il en veut aux chemins de fer de ne pas avoir l'allure rapide de sa pensée.

Que dire des voyageurs sur les rails? Leur histoire n'est pas du passé, et tout le monde en sait autant que nous. Nous l'avouerons, nous regrettons le temps où l'on montait les côtes. Maintenant les causeries, les camaraderies entre voyageurs et conducteurs, les amours ébauchées, sont aussi impossibles que de payer sa place à l'arrivée seulement. Bon gré malgré, il faut se soumettre en chemin de fer aux incommodités de la cholérine. Toutes les jouissances, les aventures, ont fait leur temps. A peine a-t-on laissé au voyageur galant (l'espèce est conservée) la faculté de céder son coin à *une personne du sexe*. Les hommes de fer n'ont pu ravir ce dernier reste de nos mœurs chevaleresques, et le voyageur de commerce qui en garde le feu sacré comme une vestale, exerce maintes fois cette suprême prérogative. Les laiderons n'ont pas même fait peur encore à sa courtoisie empressée. N'avions-nous pas raison d'avancer qu'il vaut mieux qu'il ne veut le paraître?

Il occupe de préférence les secondes places, parfois les premières, presque toujours les troisièmes. Mais partout, en tout lieu, à pied, à cheval, en voiture, en wagon, à la ville aussi bien qu'à la campagne, sur terre ou au bain, dans le petit, le demi et le grand monde, il se montre l'homme complaisant, utile, indispensable, aux relations sûres, enfin l'homme caressant dont nous avons parlé précédemment. Le progrès, dévorant le passé et les bonnes traditions, peut emporter peu de nos défauts et beaucoup de nos qualités. Le voyageur de commerce a droit d'être fier : il a gardé, seul entre tous peut-être, les plus précieuses qualités sociales, celles qui rendent l'homme supérieur à la bête égoïste, l'empressement, le sacrifice et la modestie ; en un mot, toutes les qualités de l'homme de cœur.

I

LE BÉJAUNE

Le Voyageur qui débute.

Il a vingt ans, moins quelquefois, lorsqu'il n'est pas déclassé des autres carrières. Ses efforts et son activité l'ont haussé jusqu'au présent pinacle. Sa persévérance, vertu peu commune à une époque d'ambitions effrénées, lui ont rendu faciles les labeurs subalternes si écœurants d'ordinaire. Une courte distance ne le sépare plus du patronat, ce bâton de maréchal des employés du négoce. Son courage ne faillira pas, il l'espère, près de toucher le but dénommé à ses désirs.

Mais il se trompe. Il y a encore loin de la coupe aux lèvres. Quoi qu'il en soit, son ardeur n'a pas sa pareille. Pour lui il n'y aura pas de litiges impossibles tant qu'il conservera ses illusions et ne désespérera pas de saisir enfin la récompense promise à ses efforts.

Son inexpérience est infatigable, et elle plaît au client obsédé.

Un débutant, animé du désir de réussir, se présente un jour à un négociant de province.

—Monsieur, lui dit-il, j'ai l'honneur de représenter la maison Taratte fils et Cie.

—Merci, une autre fois, je n'ai besoin de rien, lui est-il répondu.

Le béjaune, mal informé, mais tenant à plaire, salue et s'en va. Mais le négociant le rappelle.

—Parbleu! Monsieur, vous n'importunez pas votre monde, vous! lui dit-il joyeusement.

—Ah! Monsieur, fait le débutant d'un air ingénu, c'est que je n'ai pas l'habitude, mais cela viendra.

La réponse était trop extraordinaire pour ne pas provoquer réplique. Ainsi s'engagea un entretien vif et rapide. Le représentant ne manquait que d'expérience ; l'esprit plein de verve et de facilité brillait en lui aussitôt que la cage lui était ouverte. Le cœur du négociant fut enlevé et sa commission aussi.

Notre béjaune réfléchit et reconnut, dès ce moment, que l'insistance adulatrice et bavarde sert moins souvent que la réserve et la dignité. Il est aujourd'hui un des meilleurs chasseurs d'affaires de France, et il ne peut tarder de devenir l'associé de la maison, car on a besoin de lui et une menace de retraite, dont il est incapable tant qu'on ne lui cherchera pas une de ces noises si communes, le placerait au rang où ses yeux sont constamment fixés. Les circonstances aideront ce que, par scrupule, il n'ose provoquer. Mais la mort seule lui ravirait la récompense gagnée.

Revenons au type général du voyageur qui débute. Sa première tournée est un apprentissage plein d'étonnements pour lui. Son visage nouveau soulève les plus ironiques sympathies aux alentours de sa malle. Mais on l'a prévenu et il se garde. Il affecte l'aplomb d'un vétéran. C'est en vain. Sa curiosité hésitante le dénonce bientôt à ses confrères. Dès lors il n'est pas de quiproquos plaisants, de coq-à-l'âne, de contes de voleurs, d'arrestations sur les routes , d'assassinats dans les hôtels, dont on ne poursuive son imagination crédule. Ses guides naturels devraient sans doute s'inspirer aux sources de la générosité ordinaire à l'homme qui voyage. Toutefois ces habitudes de mystification perdent de jour en jour de leur à-propos.

La résistance de quelques débutants n'a pas été étrangère, non plus que leur esprit, à ce changement dans nos mœurs nationales, et les plaisanteries des anciens jours ont bien définitivement passé la frontière avec nos modes vieillies.

Nous devons au respect historique de raconter une des occasions qui amenèrent cette expatriation sans retour.

La coutume existait de célébrer au premier hôtel venu la réception d'*un béjaune* ou débutant signalé par les plus agiles. C'était le prétexte d'un repas souvent trop arrosé, et la fête s'appelait le *passage de la ligne*, nom emprunté, comme on sait, au langage maritime. L'eau toutefois, on le suppose, y jouait le dernier rôle, si elle y figura jamais autrement que pour faire étinceler les carafes aux lumières environnantes.

Au dessert, un des plus décidés boute-en-train prenait sérieusement à part le néophyte et lui démontrait sans peine la nécessité inévitable de solenniser par quelques libations sacramentelles son affiliation au corps honorable des voyageurs du commerce. Cette façon de mendicité ou si l'on aime mieux, cette invitation provoquée, innocente pour les réfléchis d'alors, était bientôt approuvée avec plus ou moins de bonne grâce, et on procédait sans perdre de temps à la toilette du nouveau venu. Elle consistait en serviettes roulées en couronne sur la tête ou étendues sur la poitrine et le dos. Un sac de nuit au bout d'un baudrier, un bouquet de légumes dans une main, un balai dans l'autre, en mode de sceptre, complétaient ensemble la burlesque transformation de l'objet de la folle investiture.

Assis sur un siége orné pour la circonstance de casseroles et autres ustensiles de l'hôtel (et de préférence les moins publics), le débutant était promené trois fois autour de la table. Les assistants, voyageurs, maître d'hôtel et marmitons, portant chacun deux bouteilles

de vin de champagne, faisant cortége, chan-
taient à tue-tête et sans accord une de ces can-
tilènes idiotes, dont l'auteur anonyme a fait
preuve d'esprit en ne la signant pas. Un
hourra général terminait l'unique couplet et
aussi la solennelle promenade, et l'on posait
le héros au milieu de la table. L'instigateur,
principal meneur de la folie, invitait, comme
un président, l'auguste compagnie à prendre place. Puis s'adressant au débutant :

—Parlez, disait-il. — Parlez de quoi et sur
qui ?

L'interpellé, embarrassé d'ordinaire, étouf-
fait sous les entraves de la timidité. On lui
désignait alors parmi les assistants un avocat ou plus exactement, suivant l'expression
du lieu, *un bavard solliciteur.*

— L'impétrant, disait celui-ci, après un
salut affecté aux quatre points cardinaux,
sollicite son admission à circuler librement
sur les routes de France.

—Aime-t-il les artichauts? demandait le
président grave et imposant.

—Il les aime.

—Bien. Les navets sont-ils de son goût ?

—Ils le sont.

—Très-bien. Qu'il déclare sans ambage ce

qu'il pense des gargotiers, aubergistes, hôteliers et des épinards, des haricots abusifs, et de l'eau chaude, mal à propos qualifiée bouillon ou consommé.

—Toutes choses, selon lui, impertinentes, fastidieuses, indignes de paraître une fois l'an devant des gens de goût. Il les a en profonde horreur.

—On ne peut mieux. Donc je proclame la résolution prise irrévocablement après l'examen approfondi dont nous sommes juges incommutables : Au nom des voyageurs de ce monde et de l'autre, le sage impétrant qui a si bien parlé est déclaré, reconnu et honoré comme nous-mêmes, et maudits soient les hétérodoxes !

Un murmure s'élevait en ce moment dans un coin obscur.

—L'opposition aurait-elle quelque grief à soumettre à la docte assemblée? demandait le président, fronçant le sourcil.

Le maître d'hôtel, auteur du murmure, se levait en affectant peu d'assurance, mais souriant néanmoins.

—Observation capitale et préjudicielle, disait-il. L'affilié ici présent aurait-il une coupe pleine ou un gobelet d'étain?

—L'un et l'autre, répondait le président. Est-ce toute réclamation ? Personne n'a autre objection à présenter ? Passons aux mystères.

Sur un signe du *bavard solliciteur*, les bouchons sautaient au plafond. L'initié, toujours assis sur la table, recevait d'un marmiton, à la place du sceptre et du bouquet, un grand verre de cristal et un énorme gobelet d'étain. Le champagne coulait à flots ; le héros grotesque et souriant, altéré souvent par la chaleur du triomphe, implorait vainement pour sa soif. Enfin on l'entendait ; les bouteilles tendaient vers lui avec une émulation empressée, mais cérémonieuse, et nul ne voulait impoliment passer le premier. Ce jeu affecté irritait la soif et l'impatience du débutant. La colère mêlait brusquement le tout et en ce moment prévu, dix carafes d'eau répandaient leurs cascades, de la tête aux pieds du piteux héros, et avant qu'il pût revenir de sa suffocation, il se sentait enlevé et promené à à travers les couloirs de l'hôtel aux cris répétés :

—Gloire au béjaune ! il est digne ! il est digne !

Tel est le résumé de cette joyeuse fête de

fous, à quelques variantes près, improvisée suivant les circonstances et l'humeur du débutant. Est-il invraisemblable qu'il n'en trouva pas toujours les épisodes à son goût?

Racontons la dernière célébration du *passage de la ligne*.

Un voyageur à la commission, Alexis Toury, représentant d'une maison de Paris, était à Orléans, à l'*Hôtel du Belvédère*. Joli garçon en froides relations avec la Banque de France, le désir de plaire à cette dame toujours belle et cruelle dans sa fidélité aléatoire au Trésor, son époux, lui donnait une ardeur aux jambes, au cœur et à la tête, que les affaires entretiennent jusqu'à la surexcitation. Sa première journée fut excellente dans le chef-lieu du Loiret. Il rentrait tout joyeux à l'hôtel, lorsqu'un voyageur dit à sa vue : —Il a l'air bon enfant, le béjaune.

Alexis l'entendit. Il connaissait la vieille coutume et savait qu'on ne devait y échapper si l'on tenait à poursuivre en paix la carrière du voyageur. Or une chose l'embarrassait : il possédait trente francs pour tout bien.

Il ne s'émut pas cependant outre mesure. C'était un esprit éprouvé à bien d'autres difficultés. Il se rendit à l'appel du dîner avec une fermeté et un sourire triomphant qui lui méritèrent dès l'abord la sympathie générale.

—Bon! se dit le maître-d'hôtel à part lui, il y aura du vin répandu ce soir.

Mais Alexis sentant le prix des minutes, regarda un vieux routier à cheveux blancs placé en face de lui, et lui dit comme on déposait le dessert sur la table :

—Messieurs, je voyage, ainsi que vous l'avez deviné, pour la première fois, et n'ignore pas à quoi m'obligent les usages. Je m'y soumettrais sans difficulté, n'était l'opposition que me fait ma bourse à peu près vide.

Disant ainsi, il vidait le contenu de son porte-monnaie en ajoutant : —Veuillez compter ma petite fortune.

On compta trente francs en tout.

—Comment! vous vous êtes mis en route avec ce mince viatique! s'écria quelqu'un.

Le maître-d'hôtel ne riait pas.

—Je voyage à la carte, circonstance aggravante pour ma position—dit Alexis—et je n'ai pas osé accepter l'avance que m'offrait mon patron.

—Mais c'est un tort, car vous n'irez pas loin.

—En effet, mais j'ai mis ma confiance dans

le Dieu de l'imprévu, qui est le Dieu des novices du voyage.

Tous le regardèrent.

—Que veut-il dire? se demanda-t-on.

Un mot circula avec la vitesse de l'étincelle électrique, et le bruit retentissant de pièces d'argent sur une assiette, fit le tour de la table. Alexis souriait comme homme heureux d'une espérance exaucée. Cette générosité spontanée du voyageur de commerce, n'était donc pas un leurre de langage.

Les larmes surgirent au bord des paupières du débutant, lorsque l'assiette arriva devant lui portant deux ou trois cents francs. Il n'était pas un enfant gâté du destin et son scepticisme juvénile se trouvait en déroute à la première rencontre d'un fait exceptionnel de cordiale assistance.

Il détourna la tête pour cacher son trouble, et appela le garçon de salle, en repoussant l'assiette bienfaisante.

— Priez le maître-d'hôtel de venir, dit-il !

Le maître-d'hôtel, désespérant tout à l'heure d'une aubaine entrevue, n'était pas loin. Il s'empressa de répondre à l'appel.

—Monsieur, lui dit Toury avec une loyale fermeté dans l'accent et le regard, je désire-

rais célébrer ma bienvenue, suivant l'usage
établi. Voulez-vous me faire crédit pour
dix bouteilles de champagne ?

L'hôte avait vu le contenu du porte-monnaie, et ne s'expliquant pas cette assiette bril-
lante que ne quittaient ses yeux, il hésitait à
faire sa réponse.

—Apportez le champagne ! s'écrièrent les
assistants indignés et d'une seule voix ; nous
vous payerons, nous autres.

Alexis alors ne put contenir davantage les
marques de l'attendrissement qui le péné-
trait. Ce n'était point un sot, et il comprenait
plus vivement qu'un autre, en sa qualité
d'homme d'initiative et d'esprit. Tous le re-
gardaient cependant pleurer, s'étonnant en
eux-mêmes de cette sensibilité inouïe en raison d'une cause aussi simple à leurs yeux.
Pendant ce temps, le champagne fut apporté,
les bouchons montèrent d'un saut au plafond, et une voix sonore entama la série des
tostes. A la cinquième bouteille, Alexis se
leva :

—Messieurs, dit-il, merci de tout mon
cœur pour votre généreuse offrande. Nulle
détresse, je le savais, ne peut rencontrer d'ir-
résolus parmi vous. Je vous suis inconnu, et

vous n'avez pas hésité à vous porter obligeamment vers moi. Merci, oh! merci! J'ai l'orgueil de convenir que vous ne vous êtes point trompés en me jugeant digne de vos secours et du titre honorable de confrère. L'avenir, vous le verrez, justifiera votre bonté et ma reconnaissance.

Ces paroles ne produisirent aucune sensation. Seulement, quelques physionomies étonnées exprimaient peut-être le mécontentement de la pudeur à laquelle une main indiscrète arrache les voiles qui la couvrent.

Alexis préoccupé ne vit rien de ces symptômes de déplaisir.

—Mais si je n'ai pu accepter l'offrande que vous vouliez me faire si spontanément, poursuivit-il, je puise dans ma confiance en vos nobles penchants la conviction que vous adopterez une proposition digne de vous. Il faut abolir, croyez-moi, l'usage puéril, exigeant, inconsidéré et tortionnaire du passage de la ligne. Il n'est ni bon, ni juste, en effet, et vous le reconnaîtrez en consultant vos cœurs, de forcer à contribution un béjaune souvent pauvre à l'entrée de la carrière. Cette fête improvisée, ce tribut de l'apprenti voyageur, pouvait amuser autrefois les généra-

tions légères qui nous précédèrent et qui ré-
fléchissaient peu. Aujourd'hui, nous serions
coupables en forçant les débutants à des dépenses coûteuses et inutiles. Je comprendrais
pour ma part plus facilément que les anciens
fissent accueil aux nouveaux venus, au lieu
de les obliger à des frais dont ils sont inca-
pables la plupart du temps. Notre époque a
des tendances tout autres ; j'en appelle donc
à vos sentiments et à vos cœurs. Cette fête a
quelque chose d'inique et elle doit être à jamais abolie.

Alexis continua sur ce thème. Il fut plus
éloquent, plus persuasif que nous ne sau-
rions le rapporter, et l'accord unanime des
assistants décida la suppression de cet ana-
chronisme.

—Il a raison, fit-on de toutes parts ; c'est
stupide !

Alexis remercia encore, mais cette fois de
la condescendance accordée à ses vœux.

—Messieurs, ajouta-t-il, nous célébrerons
grandement, s'il vous plaît, la dernière fête
du béjaune, car il ne faut pas que notre hôte,
témoin de cet acte de renonciation, soit la
victime de notre justice. Dans trois jours
nous nous retrouverons ici. J'aurai alors une

réponse et de l'argent, et je serai heureux d'être le béjaune sur lequel vous comptiez.

Le surlendemain, comme il l'avait annoncé, et bien que la lettre de Paris fût encore attendue, la ligne fut passée pour n'y plus revenir, grâce à la confiance de l'hôtelier du *Belvédère*. Alexis s'offrit de lui-même aux joyeusetés de la circonstance, provoquant même l'ablution finale devant laquelle hésitaient les convives. Il fut si gai, si franc dans sa cordiale et sa plaisante humeur, qu'il ne fut question pendant six mois sur toutes les routes de France que de la fête d'Orléans. Ceux qui n'eurent pas la chance d'y assister tinrent à honneur de la renouveler partout.

Aujourd'hui le passage de la ligne est bien décidément tombé en désuétude. Il a entraîné dans le naufrage de sa dernière goutte d'eau la dénomination de *béjaune*, dont les contemporains de l'illustre Gaudissart, opiniâtres arriérés, persistent seuls à se souvenir. Les autres l'ont pour la plupart oubliée. Depuis l'événement de *l'hôtel du Belvédère* d'Orléans, le débutant n'est plus, de la part de ses confrères plus anciens, l'objet d'aucune plaisanterie sérieuse. Il est même remarquable qu'il en reçoit maintenant des conseils

et des renseignements rarement illusoires.
Son guide naturel ne l'égare jamais sciem-
ment. Les niais et leur crédulité excitent
bien encore le rire et les brocards, mais les
moqueurs ne leur causent aucun préjudice,
et ils ne sont pas d'ailleurs toujours des débutants. Les critiques dont ils sont assaillis
leur seraient salutaires, loin d'être nuisibles,
si la nature candide et innocente était capable de correction.

Deux ou trois voyageurs de commerce
français, étant à Imola, voulurent par leurs
moqueries avoir raison de la chevelure, ar-
rangée en queue finement serrée, d'un confrère illyrien, jeune et débutant. Mais le digne garçon se refusait au sacrifice et nul ne
s'avisait de toucher à sa tête. Sa queue était
le drapeau, le signe, le palladium indéfecti-
ble de sa nationalité. Une queue sacrée, en
un mot, une queue respectable contre laquelle les rires et la satire ne pouvaient prévaloir. Or, un jour après déjeuner, l'Illyrien
s'endormit sous le poids d'une digestion trop
laborieuse. Nos plaisants se regardèrent, la
même inspiration plaisante leur montait au
cerveau : elle n'était ni longue ni compliquée, et consistait à trancher d'un coup de

ciseaux le tant précieux appendice. L'intention conçue, le fait fut exécuté sans délibération ni débat, et la queue coupée près de l'occiput, placée pour suprême moquerie dans la main inerte du dormeur, nos amis satisfaits s'en allèrent au café le plus prochain.

Voyez-vous le terrible réveil? L'humble fille d'hôtel, présente aux transports et à la colère de l'Illyrien, eut toutes les peines du monde à prouver son innocence en rejetant sur les vrais coupables le crime à elle imputé d'abord.

Le furieux voyageur, brandissant la queue indignée, traversa d'un bond les deux rues qui le séparaient de ses ennemis, et renvoyé d'une négation à une autre, il resta sous le coup de l'outrage infligé sans savoir sur qui se venger.

Il mit deux ans à calmer son indignation. La réflexion pourtant et le temps l'amenèrent enfin à rire lui-même de la coiffure de ses compatriotes. Aujourd'hui il n'est plus débutant, mais un voyageur à chevrons et l'un des meilleurs de Trieste.

II

LE VOYAGEUR QUI NE L'A PAS TOUJOURS ÉTÉ

Celui-là n'est pas au printemps de l'âge. Il fait ordinairement ce métier faute d'autre, et a eu des malheurs *ne plus ne moins* que tous nos concierges. Ses nobles parents, à l'en croire dans des heures d'expansion facile, le destinèrent à de plus hautes sphères. Mais de déplorables événements le réduisirent, par la perte d'une grande fortune, à faire d'excellents repas sur le chemin de sa vie présente. Hélas ! encore quand la nature lui a attribué un bon estomac, il peut se consoler, en mangeant et buvant comme un Parisien en province, de la dureté du ciel à son endroit. Faisant contre fortune bon cœur, écoutez-le et croyez-le, si cela vous plaît. Il était né pour les positions élevées ; ses études, son éducation et ses facultés naturelles ne pouvaient manquer de le porter où ne monte pas le *vulgum pecus* (le troupeau méprisable des anciens). Son dévouement, plus que ses goûts, l'aurait fait un des conducteurs des sociétés ; il n'aurait servi qu'à son corps défendant son pays et la cause des honnêtes gens ; la violence eût seule pu avoir raison de son modeste égoïsme, l'arracher à sa famille, à ses enfants, aux humbles vertus domestiques, qu'il préférerait à tout. Faute de fortune, il a évité tout cela, ce qu'il aime et ce qu'il déteste, et résigné, philosophe modèle, il est flatté d'accepter de vous un petit verre.

Il appartient à un genre caractérisé, quoique peu nombreux, des voyageurs méconnus. Les avocats mis au ban, tous les déclassés, les fruits secs des professions libérales et des écoles patronnées par l'État, cherchent l'indépendance, le vivre et le couvert dans la représentation commerciale. Ils sont par nature tout à l'heure présente. L'avenir annulé pour eux, leur réserve un lit d'hôpital. La fin justifie ici les moyens. En attendant cette issue immanquable, ils s'estiment haut, dédaignent leur profession et fréquentent volontiers des confrères qu'ils n'aiment pas et qui les méprisent.

Il est certainement d'honorables exceptions parmi ces dérogés du monde extra-commercial, et il ne faut pas longtemps pour les reconnaître au langage et à la conduite mesurés. Les mœurs distinguent là comme ailleurs les bons des pires, et il ne faut pas deux rencontres pour savoir à quoi s'en tenir sur ces personnages bien prestes à la confession.

Les maisons qui acceptent des représentants de ce genre manquent de circonspection, faute de renseignements ou simplement de réflexion. La folie du lucre les domine sans doute et les aveugle ; en confiant leurs cartes ainsi, elles s'imaginent qu'il n'y a pour elles que bénéfices, du moment qu'elles n'avancent pas les frais de voyage. Un fait avéré les détrompera peut-être.

La morale facile d'un membre du barreau de *** lui fit un jour abandonner sa province pour Paris. Il y fut un peu contraint par le procureur du roi et ses collègues, il est vrai. En tout cas, il vint établir un cabinet d'affaires rue Saint-André-des-Arts. Mais comment appeler les clients? Les choses sales l'attiraient. Ne faut-il pas des égoutiers? Il songea donc aux commerçants faillis, dont peu se sont souciés spécialement d'embrasser les intérêts. En conséquence, son choix étant fait, on vit habituellement notre homme assis à la table du cabinet de lecture du passage du Commerce (nom bien trouvé), et y prendre note des naufragés échoués à la barre du tribunal de la place de la Bourse. Muni de renseignements, il allait dans la journée offrir aux infortunés une mauvaise planche de salut, et muni de leurs pouvoirs, il cherchait à attendrir les créanciers, de nature féroce, bien souvent. Que d'humiliations et d'ennuis il essuya! Mais son amour-propre n'était pas extravagant, et c'est avec fierté qu'il se vantait d'amener les concordats amiables.

Il arriva pourtant quelques désagréments plus positifs que les fâcheuses réceptions. Certaines gens se montrèrent difficiles (il disait ridicules) à l'endroit de certains bordereaux, mal rédigés, et force lui fut de déménager. Dans la rue Hillerin-Bertin, où il se cacha, aux environs de Saint-Sulpice, sa femme malade fut visitée par la maîtresse d'un éditeur en renom. La secourable pécheresse s'apitoya sur ces grandeurs déchues : elle était émérite en honorables infortunes. Par son entremise, l'ex-avocat, encore fascinateur et éloquent, devint trois mois après voyageur à la commission de l'éditeur. Les choses allèrent d'un train passable pendant quelque temps. L'affaire du concordat amiable, mais irrégulier, était assoupie. L'expert en liquidations troubles, rassuré du côté du passé, ennuyé aussi d'un travail honnête et pénible, fut tenté par un gros litige à régler à Lyon. Son avis fut que le produit serait mieux dans sa poche que dans celle du légitime revendicateur. Il endormit pendant un temps la confiance du patron par des lettres triomphantes et dilatoires, jusqu'à ce que ne donnant plus de nouvelles, on s'enquit de lui. Alors il avait gagné au large, laissant sa femme et deux enfants à la commisération éclairée de leur protectrice. Oncques depuis on n'a su le domicile élu de l'ancien avocat qui, suivant une version d'ailleurs contestée, aurait été rencontré à Nice. Si le fait est vrai, l'habile homme aura probablement porté cette année ses pénates plus loin. L'annexion de Nice à la France ne lui offrirait pas toute salubrité et sécurité désirables.

L'exemple précédent, cité entre mille, ne pourrait-il rendre plus prudents les chefs de maison? Outre que leur incurie leur cause un préjudice notable, n'est-elle pas déplorable à un autre point de vue? Leur considération et celle des voyageurs de commerce sont ainsi ébranlées dans l'estime des clients. La profession particulièrement perdrait tout éclat bientôt, si d'une part elle ne se recommandait elle-même par des services éprouvés, et si de l'autre en même temps les patrons pouvaient se passer des voyageurs, grâce à une ingénieuse machine signalée aux génies inventifs par un plaisant de notre connaissance.

Bien souvent, il faut en convenir, le voyageur qui ne l'a pas toujours été, a dû, à un malheur immérité, d'être devenu subalterne de patron qu'il était avant sa chute. Ces honorables infortunes ne sont pas toujours bien traitées, mais elles ne sont pas moins dignes de la compagnie où le sort les a mêlées. Il n'est pas rare de rencontrer un ancien négociant échoué à la rive contraire, représentant d'un de ses créanciers. C'est là le plus beau témoignage de son intégrité. Malheureusement s'il est réhabilité pour ceux qui avaient le droit de lui garder rancune, il n'est pas à ma connaissance qu'il ait désintéressé complétement le bordereau de sa faillite. Il n'est relevé que moralement, et la faiblesse intellectuelle qui l'empêcha de se guider naguère le réduit à la seule bonne intention de vouloir racheter son passé. Son travail et ses efforts sont infructueux la plupart du temps. Le tempérament fait défaut dans ce médiocre voyageur, et cent fois il eût mieux fait d'exécuter manuellemeut des ordres reçus que d'en combiner et d'en donner maladroitement.

Le voyageur de cette catégorie est morose, silencieux, triste. Il sommeille dans l'inactivité, quand ses courses sont finies. Il soupire au dernier voyage, car, las d'esprit et de corps, découragé et l'âme malade, il ne cesse d'aspirer au repos suprême. Comme Ajax menaçait le ciel du poing, il crie à Dieu de lui envoyer quelques cents francs de revenu pour s'en aller à la campagne, dormir sous les grands arbres, et pauvre vagabond déshérité, il se laisserait mourir dans un fossé, n'étaient sa femme et ses enfants pour lesquels il court le monde. Bon époux, bon père, sans grande ambition, excellent dormeur, doux et craintif, il ne sera jamais qu'un pauvre homme, incapable d'avancer et de reculer. Quel malheureux sort l'a donc jeté au milieu de la bataille des affaires ?

Reconnaissez-le à ces signes infaillibles : air débonnaire et distrait, vieillesse précoce et somnolente qui l'aide sans doute à oublier. Il ne fume pas, mais prise quelquefois. Le café lui est un lieu maudit, et économisant même sur sa faim, sur toutes choses, il porte des vêtements usés qui menacent à chaque instant de montrer autre chose que la corde.

Nous nous rappelons avec un malin plaisir un voyageur qui avait été procureur de la république de 1848. Quel objet industriel le poussait sur le grand chemin huit mois de l'année ? Nul, je crois, ne l'a su bien positivement. Voyageait-il pour bien vivre ? Petit, maigre, imberbe de visage, ses yeux ronds, furieux au repos, lançaient des réquisitoires brûlants, mais tout en lui, hors de là, était discret comme Machiavel. Quelques-uns ont supposé, gratuitement sans doute, qu'il se donnait de l'air pour se défaire d'une provision de discours rentrés et écouler ses flots de bile amassés en de nombreux mécomptes. Il était moins impénétrable toutefois sur tout ce qui ne se rapportait pas à sa personne. Quel verbiage en politique ! La belle éloquence de démolisseur. Fiel et venin, fureurs et menaces, marbraient et crispaient son visage vieilli comme celui d'un comédien. Il ne s'enthousiasmait généreusement que pour la science de Vatel et de Carême. Tout le reste en lui était amertume et imprécation, et si le général Cavaignac avait encouru son déplaisir aux journées de juin, d'où sa destitution, disait-il, avant-courrier de la déchéance de son ennemi, il savait déguster, en appréciateur, les pâtés de foie gras de l'hôtel Domergue, de Toulouse. Les morceaux parsemés de truffes disputaient les préférences à ses opinions anarchiques, et comme il se faisait en lui une singulière confusion des hommes et des choses, il souhaitait assaisonner à un moment donné, à une sauce aux oignons de son choix, le cœur et le foie de ses adversaires politiques. Très-amusant sur ce chapitre, il ne tarissait pas quand on l'avait grisé. Sa circonspection d'ailleurs ne l'abandonnait guère, car il veillait soigneusement au salut

de son personnage, et il n'abordait qu'à l'é-
cart les sujets scabreux. Ce Marat aristocrate,
envieux de toute sommité, montrait la vanité
impuissante et rageuse, d'un despote devenu
républicain par convoitise. A-t-il disparu
depuis un an dans une de ces entrepri-
ses souterraines où les inconsidérés vont se
perdre? Sa couardise l'eût-elle abandonné?
C'est difficile à supposer, car, comme son
prédécesseur de *l'Ami du peuple*, la préserva-
tion personnelle était son grand souci, et s'il
survient des troubles civils, il fuira certainement le danger au fond d'une cave, car il
aime le bon vin et veille à l'intégrité de sa
personne.

Parmi les voyageurs qui ne l'ont pas toujours été, n'oublions pas l'ancien militaire,
désespoir des tables d'hôte, dégoûtées de sa
trivialité, et le préféré du client infesté de
chauvinisme. Il est content dans l'acception
servile du mot, fastidieux, paresseux et
ivrogne. Un verre de cognac lui ferait tout
oublier, même

> Si l'étranger envahissait la France,
> Patrie, honneur, pour qui s'arme son bras,

sans omettre son patron et les affaires, ses

plus légères préoccupations. Mais ce dont il
ne perd pas le souvenir et vous ferait passer
par la fenêtre si la pórte était fermée à double tour, ce sont ses récits d'aventures hé-
roïques, où l'insipidité le dispute à la lon-
gueur intarissable. Il n'a pas dépassé les
grades subalternes ; mais, ancien caporal ou
sergent, il ne se gêne pas pour juger les généraux et gagner les batailles perdues. On
n'attend pas de notre cerveau fatigué, nous
l'espérons, la narration des victoires et conquêtes de notre héros valeureux, intrépide et
déprécié. Notre but n'est pas précisément
d'ennuyer nos lecteurs.

Mais rendons aussi justice à ce type. Il est
des membres retraités de l'armée, voyageurs
aujourd'hui agréables et point trop narra-
teurs. Il en est peu, certainement, mais il en
existe. Toutefois, il ne s'en est pas encore, à
notre connaissance, rencontré un seul qui
n'ait eu, à l'en croire, des amours incroya-
bles. L'uniforme sied si bien ! La faiblesse est
grande de la vanité féminine, si vite éprise
des culottes rouges et du clinquant d'éloquence ! Un mensonge, dit un proverbe,
tient toujours par quelque côté à la vérité.
Croyons donc à l'invraisemblance, s'il le

faut, mais n'ouvrons l'oreille qu'aux histoires amusantes. Elles ne sont pas communes, on doit en convenir, parmi celles détachées du souvenir des militaires passés voyageurs de commerce, et il y a peu d'habitués des tables d'hôte qui ne fussent bien disposés à casser aux gages ces romanciers fades et diserts, héros qui se saisiraient, à les juger par leurs paroles, d'une massue pour tuer une mouche.

Passons !

III

LE VOYAGEUR MALGRÉ..... MERCURE

Quel mortel est satisfait de l'état qu'il professe? On voit des poëtes rimer malgré Minerve. Ceux-là se plaignent bénévolement, quand ils se plaignent. — Eh! que ne sont-ils plutôt maçons! Mais la nature humaine a ses contradictions. Chacun porte son idéal insaisissable, toujours en vue, comme la colonne lumineuse qui guidait l'émigration juive. En attendant la réalisation, on gémit sur son sort et on souhaiterait faire le métier du voisin, lequel, de l'autre côté de la rue, raisonne pareillement et envie la destinée du premier plaignant. Peut-être les pauvres seuls ne se jalousent-ils pas entre eux. Du moins, il n'y a pas matière à envie. Mais qu'un de ces misérables sorte des rangs et aussitôt ses anciens amis le voudraient voir disgracié, mis au bagne, pendre même à la condition, sous-entendue toutefois, de lui succéder dans ses charges et bénéfices.

Tel est un des côtés de la mascarade des sentiments humains réunis en société : dégoût de ses propres affaires, désir cupide à l'égard de celles d'autrui, en apparence meilleures et souvent plus mauvaises, et au fond du tableau qu'il domine : l'ange de l'envie.

Une exception néanmoins à cette illusion, commune au plus grand nombre, circule tous les jours de soleil, prodigieuse et modeste, entre la Madeleine et le Gymnase, sous le chapeau d'un littérateur en renom. L'aimable drôle de corps se prétend parfaitement heureux et sans autre ambition, et son métier comble tous ses désirs. Grand bien lui fasse ! Quoi qu'il prétende, il serait certainement fort empêché d'exercer ses facultés ailleurs, ayant dès son enfance fait l'exclusif apprentissage de la phraséologie ancienne et moderne. Il a de plus, pour regarder toutes choses par la lunette de l'optimisme, ses nombreux et légitimes succès dans la carrière où son bel esprit s'exerce à la gymnastique littéraire où son éducation l'a rompu. Aussi n'a-t-il pas motif pour vouloir autrement. En revanche, il est fort envié, et bien qu'il en ait, il rentre sous la loi générale.

Après les poëtes malgré Minerve, signalons les patrons et les voyageurs de commerce malgré Mercure. Rares sont parmi ces derniers, ceux qui se réjouissent après quelques années de pratique. Des gens légers d'esprit pourraient seuls trouver agrément dans une course perpétuelle à travers un immense banc d'huîtres comme la clientèle départementale. De temps à autre, il est vrai, une cloyère, une bourgade, voulons-nous dire, offre bien aux regards consolés quelque perle de prix ; mais s'il n'est pas de tournée et de voyageurs qui ne soient favorisés de cette aimable chance, comment digérer sans sursauts le reste du panier ? La fatigante et délétère profession ! il est mille fois plus agréable, on nous croira, d'être empereur des Français. Au moins êtes-vous appelé Majesté et il vous reste la liberté de vos allures et de vos émoluments. Mais le voyageur de commerce ! Quelle énorme différence ! Le contrôle du patron et du client ne se lasse jamais dans sa persécution. Hélas! qui ne le sait pourtant

On ne peut contenter tout le monde et son père.

Il est indispensable au voyageur de commerce d'être cuirassé et bien matelassé d'insouciance pour traverser sans défaillir les soporifiques récits et démonstrations pris aussi forcément à hautes doses.

La majorité, cela n'est pas douteux, *en a* donc *bientôt assez,* suivant l'expression locale. Quant à l'infinie minorité, contente d'y voir clair et de poursuivre le chemin frayé par le Juif-Errant, elle a une grâce d'état : le défaut de pensée. Elle se dénombre en voyageurs très-jeunes et très-vieux ; et, pour toute opinion, elle a celle de la nourriture saine, abondante et variée. Encore le débutant ne sourit pas longtemps aux anges bouffis. Quelques années l'ont bien vite noyé dans leurs flots d'ennui et d'uniformité. Alors ses chefs et la clientèle ont belle chance s'il ne les envoie pas où le diable demeure.

Le voyageur qui en a bientôt assez n'est

pas, nécessairement, l'époux séparé par le guignon, d'une femme charmante et légitime. Souvent, au contraire, comme la plupart, il pratique, résigné aux inconvénients professionnels, le culte solitaire du dieu Célibat, et traînant avec lui la constante importunité des affaires, l'impérieux idéal le poursuivrait aussi bien au milieu d'une tâche nouvelle.

Où se portent ses vœux de changement? Ils prennent les physionomies les plus diverses, suivant sa vocation constitutionnelle. Les tendances humaines sont si variées ! et l'homme, né pour le travail, aime tant peu ce qu'il ne fait pas? Le voyageur de commerce néanmoins est positif et expert; ses illusions ne l'éblouissent pas; elles peuvent toucher aux limbes de l'impossible, mais il revient vite du rêve à la réalité menaçante. Il n'est pas peut-être de profession, où se rencontrent autant d'architectes de châteaux imaginaires. Le voyageur a vu sur son parcours interminable, tant de transformations éblouissantes qu'il y a quelque justification à son rêve. Mais le vertige ne le prend guère et il sait tenir la bride à l'hallucination. Sa destinée le rend philosophe et critique en lui donnant la résignation. Il juge et condamne, et croit formel-

lement qu'à la place de certains personnages
en vue, il saurait éviter les ornières où rou-
lent leurs chars mal conduits. Sa grande connaissance des choses et des hommes, dont il
a conscience, lui ferait assimilable bien vite
l'œuvre la plus compliquée pour les sens sédentaires les mieux doués. Aucune situation,
si haute fût-elle, ne mettrait son esprit expérimenté en déroute. N'a-t-il pas éprouvé cent
fois sa dialectique bien trempée? Son ambition n'est pas indigne, car il a rempli en
maintes circonstances des missions plus inex-
tricables que tous les écheveaux diplomati-
ques des chancelleries de l'Europe. A tout
instant de sa vie, il a raison de difficultés
inouïes. Mais il modère ses penchants justi-
fiés par les faits, et connaissant les ronces et
les embarras des cimes élevées, il se résout
sagement à rester voyageur de commerce, ou
à devenir simplement membre de l'Institut,
comme R..., ou consul à Riga, comme M.....,
cet heureux frère d'un ministre de la seconde
République française.

Mais, s'il sait soutenir ses légitimes aspirations et se juger à sa valeur, son courage
grandit avec sa lassitude et son ennui. Restant cordial et digne sans dédain, circonspect

comme un myope, modérant ses gestes et la tonalité de sa voix, toujours juste et ferme, il abandonne sa barque au fil de l'eau, l'œil au gouvernail, comptant sur le hasard d'un vent favorable qui poussera peut-être sa voile vers les rives enchantées de la fortune et des honneurs. Il se tient toujours prêt à aborder à la rive, d'où l'aveugle destinée lui fera signe!

En attendant, il joue avec les passagers et passagères, se garde de toute expansion imprudente et laisse parler souvent avant lui. C'est ainsi qu'il s'instruit. Son intelligence ouverte à tout, eût été moins ornée par les livres classiques et les plus célèbres universités que par la pratique et l'observation des mœurs étrangères à toutes ses idées acquises. Aussi sa confiance ne doit pas surprendre le lecteur attentif.

Les vieillards, les femmes, les enfants, ces auxiliaires du hasard, sont de sa part l'objet de ses prévenances : quelques égards polis, un mot joyeux, qui ramène la conversation tombée ou la redresse quand elle s'égare, lui paraissent des services insignifiants avec lesquels il paye le plaisir social. Les heures passent ainsi légèrement, et elles ont un vol si lourd parfois quand le spectacle environnant est l'unique distraction du voyageur !

Son attente n'est jamais ou presque jamais déçue. Comment son interlocuteur se refuserait-il à entretenir un voyageur de route si obligeant et si entraînant ! Sa complaisance est donc assurée d'un juste retour. Les liaisons qui se forment de la sorte, se dénouent certes au bout de quelques heures. Il n'importe ! A défaut d'espérance certaine, le temps a passé sans vous faire porter son manteau de plomb, et le hasard d'ailleurs est favorable à peine une fois sur mille.

Un de ces prévenants voyageurs prit à moitié chemin de Lyon, à Avignon, une jeune fille et son père que la maladie appesantissait. Le coupé n'ayant pas trois bonnes places, mais deux seulement, et la première étant de droit la propriété du premier occupant, le malade trahit son mécontentement par un soupir, et se disposa à se soumettre à la nécessité, la plus dure des lois non décrétées de main d'homme. Mais le courtois voyageur de commerce vit tout cela, et insista obligeamment pour laisser sa place au nouveau venu. On lui fit des objections polies qui purent facilement être surmontées, et la connaissance se noua par un service. Le valétudinaire avait une belle figure, jeune encore, de nobles manières, et on pouvait juger à son costume, à sa réserve, comme à sa tenue, qu'il appartenait à une classe élevée de la société. Sa fille, paraissant avoir seize ans à peine, et pleine de sollicitude pour le malade, combattait visiblement la fatigue qui ombrait sa jolie physionomie, et elle succomba bientôt, malgré ses efforts, au besoin de sommeil si impérieux à son âge. Les deux hommes lièrent conversation, et l'on se sépara de part et d'autre à Avignon dans les meilleurs termes d'estime réciproque.

À Toulon, la première personne rencontrée en arrivant à l'hôtel par notre voyageur fut la jeune fille. Son père alité dans sa chambre vénale, attendait une amélioration qui se prononçait depuis la veille pour prendre le bateau d'Hyères. Ces détails et les rapports entamés précédemment autorisèrent le voyageur à visiter le malade qui l'accueillit avec joie et en reçut des soins précieux en pareille circonstance. Les confidences s'échangèrent. On apprit à se connaître pendant les longues soirées de novembre. Le voyageur avait décliné ses noms et qualités, Alexandre Vé-

meuille, représentant de la maison Babou-
land et Souvin, de Lyon, et appris qu'il avait
affaire à M***, négociant de Paris, allant à
Hyères sur le conseil des médecins, après
avoir laissé le fardeau de ses intérêts commerciaux à sa femme fort capable de le remplacer. La jolie Maria, remise de ses inquié-
tudes, se reposait sur le nouvel ami du soin
de distraire le malade, et payait en gaieté innocente les bontés de l'infirmier improvisé.

Enfin les Parisiens purent s'embarquer au
bout de quelques jours. Alexandre leur dit
adieu avec un serrement de cœur qui ressem-
blait à un pressentiment funeste, mais dont
l'événement démentit heureusement le pronostic. M*** en lui serrant la main, le pria de
lui choisir deux robes de soie pour sa femme,
et lui dit adieu en le remerciant encore.

La commission tarda à être remplie.
Alexandre l'accompagna d'une lettre de souvenir. Le négociant répondit. Peu après, le
voyageur étant à Paris fit une visite rue des
Bourdonnais où demeurait M***, fort chan-
celant encore, et revint souvent où un
charme invincible l'attirait. Le malade rechu-
ta, et préoccupé de ses affaires, choisissant
entre mille, il proposa à Alexandre d'être son

associé. On juge de l'empressement de celui-ci
à accepter. Il était vraiment digne de ce
changement de position, et devint peu après
le gendre de M***.

Aventure bien simple, dira-t-on. La vie offre-
t-elle donc toujours des complications ? Au résumé, simples ou non, ces bonnes fortunes
sont rares, et les voyageurs de commerce
continuent pour la plupart et souvent toute
leur vie, à *en avoir bientôt assez*. Les jours se
succèdent et s'amassent. Les cheveux et la
barbe grisonnent. On songe aux jouissances
sédentaires. Mais de quel côté tourner les
yeux ? où se fixer pour toujours ? Par irrésolution et lassitude, on prend légèrement
quelquefois un parti aventureux, et bien des
voyageurs finissent dans une obscurité be-
soigneuse une existence qui avait commencé
avec d'autres promesses. Quelques-uns épou-
sent la fille d'un maître d'hôtel, donnant à
leur tour le vivre et le couvert à leurs anciens confrères. Ils changent de tons et de
manières alors. Les mains dans les goussets,
et chaussés de sabots, fiers et dogmatiques,
ils savent tout mieux et autrement, et trô-
nent à table d'hôte, armés, comme d'un sceptre, d'un grand couteau à découper... Mais

nous reviendrons plus loin au maître d'hôtel.

Disons seulement ici que le voyageur qui finit là prend les airs d'un despote arrivé au but de ses conspirations. C'est un glorieux en train de s'enrichir, ou, pour nous servir d'un mot technique, *en train de faire sa pelotte*. Nous lui préférons cent fois le maître d'hôtel qui fut professeur de rhétorique. Celui-là est encore pédant, mais il sait sagement rester à sa place, saluer, se taire et amasser sournoisement la somme nécessaire à l'achat d'un bien rural où il se retirera tôt ou tard. Si sa discrétion ne sert d'exemple à personne, s'il ne doit emporter aucun regret, au moins il n'est ni importun, ni fanfaron. On n'est pas parvenu sans défauts, mais il y a défauts et défauts, et l'ancien professeur, devenu maître d'hôtel, ne se croit pas obligé, comme le voyageur, de mépriser l'espèce humaine parce qu'il est au comble de l'ambition. Le maître d'hôtel, disons-le bien haut, a des fonctions restreintes et il est tenu de ne pas se départir, entre autres, des égards auxquels les voyageurs ont droit.

Quelques-uns l'ont compris. Nous indiquerons plus loin les améliorations que nous attendrions encore dé leur part, leur réclamant beaucoup pour en avoir une partie.

IV

LE PATRON QUI VOYAGE

En général, il faut le dire, le voyageur a les défauts de ses qualités. Sa noble, généreuse et expansive nature lui montre trop souvent le genre humain, et tout particulièrement le client, dans le miroir où lui-même se regarde. Les fripons patentés lui paraissent un mythe impossible. Comment se défierait-il, malgré l'expérience et sa science pratique bien certaine, de cette main cordiale *qui a marqué son passage* par une remise d'ordres importants ? Comment le tarif immuable ne se ferait-il pas élastique et ne céderait-il pas de ses rigueurs en présence d'une bonhomie si bien jouée ?

La libérale facilité du voyageur sert avec quelque raison de texte aux différends entre le voyageur et son patron, et celui-ci, indulgent d'ordinaire pour ses propres facultés intellectuelles, est saisi mainte fois par la malencontreuse inspiration de se mettre en voyage lui-même. Sans doute un négociant à courte vue peut seul commettre cette faute. Mais aveuglé par l'amour-propre et adorateur dévot de la bête personnelle, il se croit tous les dons et mérites. Peut-il être, en effet, à la fois maître et voyageur? Un homme peut-il embrasser deux horizons en même temps? Certainement non, en thèse générale, et à plus forte raison, les fonctions particulières du chef de maison excluent toute autre préoccupation. Sa place est essentiellement au timon d'où rayonne la pensée dirigeante, et la quitter c'est aller du centre à la circonstance, devenir rayon, de foyer qu'il faut être, et s'occuper petitement d'un détail quand l'ordre commande de veiller à l'ensemble. Qui donc veut être son voyageur s'agitera dans un cercle restreint d'affaires souvent périlleuses. La variété qui élargit le champ des idées du subalterne, éblouit et aveugle la pensée du patron. En lui l'intelligence s'émousse à trop embrasser, et tenter l'entreprise ingrate, tant elle est particularisée, de voyager pour soi-même, en se préoccupant constamment des soucis généraux, c'est pousser la roche de Sisyphe, c'est vouloir succomber deux fois.

Un patron doit pouvoir courir aux extrémités du champ de ses opérations, comme l'araignée au centre de sa toile court réparer les dégât survenus à son œuvre. Son rôle s'appelle surveillance : il ne quittera son siége, s'il est sage, le centre de sa toile, à lui, qu'exceptionnellement et dans des nécessités inévitables. Encore ne fera-t-il alors que de courtes absences, et avant de s'éloigner, il devra marquer et régler les occupations de ses suppléants. Dans la plupart des cas, il aura même avantage à expédier sur les lieux un employé intelligent, et de préférence même des instructions circonstanciées à son représentant habituel.

Tels sont pour un chef de maison le devoir et le principe dominants. Son intérêt et sa dignité s'en trouveront bien. N'est-il pas le général d'armée qui doit se tenir hors de la mêlée ? Sa pensée dirige, coordonne, commande ; mais il doit s'interdire de porter sa personne au centre de la lutte, où combat le soldat subalterne. Désobéir à cette règle serait pour lui le parti pris de ne livrer que des escarmouches et pas de bataille rangée. Il change de rôle en se faisant son propre représentant, et devient simple ressort, de moteur général de la machine commerciale qu'il doit être. L'ensemble se ralentira, marchera mal et finalement le mouvement s'arrêtera faute d'impulsion intelligente et vigoureuse.

De nombreux exemples, si un appel à nos lecteurs était insuffisant, appuieraient notre démonstration fondée en théorie et en réalité. Qui n'a pas vérifié, parmi les voyageurs de commerce, l'exactitude de la maxime : à patron méticuleux médiocres bénéfices? L'épreuve en a été faite maintes fois, mais l'expérience des autres ne sert à personne : on veut l'acquérir soi-même. Si la France, à l'exemple de l'Allemagne, de l'Angleterre et des États-Unis, avait des écoles de commerce suivies comme ses lycées, les principes primordiaux du négoce ne seraient pas aussi généralement méconnus. A notre époque où la fortune est un besoin pour tous, et l'industrie un des moyens les plus usités de le satisfaire, il est désirable que la lacune que nous signalons dans notre éducation nationale soit comblée sans tarder. L'instruction, telle qu'elle a été donnée jusqu'à ce jour parmi nous, peut fournir nos salons de causeurs brillants, et le service public de fonctionnaires et d'avocats exercés aux luttes de la parole. Elle ne créera pas de véritables commerçants ; son programme ne le comporte pas. L'odieuse persécution dont les juifs, ces détenteurs du secret traditionnel, furent les victimes, les a admirablement servis en les exerçant au seul métier qui leur fût laissé par une oppression séculaire. Aussi sont-ils de nos jours les rois de la Banque, et nos maîtres dans l'art de vendre et d'acheter. Qui pourrait s'étonner de leur toute-puissance à une époque où l'argent est le meilleur moyen de persuader et de convaincre ? Les juifs mènent donc le monde, comme détenteurs des choses dont nul être qui respire ne peut se passer s'il veut vivre.

Que ces patrons bons chrétiens, bien que juifs en plus d'un cas, s'instruisent d'après les descendants de Judas, et s'ils se croient assez forts pour faire deux choses à la fois, malgré l'injonction proverbiale et la raison, nous nous condamnerons volontiers au silence. Mais nous ne craignons pas d'encourir cette condamnation. Restreignant le plus possible leurs dépenses au siége central, ils jugent pouvoir encore supprimer le rouage important qui mène l'eau au moulin, c'est-à-dire, en un mot, le voyageur. Sans doute, ils ont assis sur leur siége de commandement la douce compagne de leur vie, qu'ils n'ont pas hésité à laisser pour courir après un lucre aléatoire. Il est sans doute des femmes éminemment propres à la pratique des échanges; mais ne le sont-elles pas plus au commerce de détail qu'à celui du gros? Leurs penchants naturels nous en font juger ainsi, en reconnaissant des exceptions excessivement rares. Beaucoup d'hommes sont femmes, dira-t-on, mais combien moins de femmes encore ont les qualités masculines!

Les patrons, qui furent représentants avant d'être chefs de maison, ont mis en faveur la façon irréfléchie de voyager en personne. En apparence, tout les semble porter sagement à continuer pour eux-mêmes l'œuvre où ils réussissaient pour les autres, et nous n'hésitons pas à le reconnaître, quelques-uns n'ont pas lieu de s'en repentir. Que les choses ont changé cependant avec leur position ! En premier lieu, ils sont moins faciles à céder sur les conditions du tarif que lorsqu'ils étaient simples voyageurs, et un client madré, retors et disputeur les trouve moins complaisants. Leur attention ne quitte pas un instant la vue des frais généraux, des prix *de revient*, et du bénéfice normal à retenir. Ajoutez que la cupidité a transformé l'ancien routier subalterne, et si elle est un aiguillon, elle est aussi une arme à deux tranchants où il se blesse lui-même le plus souvent. Il a beau être pressant, insinuant et bonhomme, vainement il se targuera de son nouveau titre, qui l'oblige à bien servir pour garder de *précieux suffrages*, le client qui sait compter et comparer les concurrents entre eux, fait bonne résistance. Le chef de maison peut bien, à ses yeux, consentir à une baisse à laquelle un représentant n'est pas toujours autorisé. C'est là une raison assez déterminante, on en conviendra, de repousser les instances les plus éloquentes. On lui réplique, il est vrai, que faisant personnellement les affaires, les prix se réduisent en proportion, ce qui permet d'être plus *coulant*. Le client s'empare de l'argument pour neutraliser les démonstrations contraires, et force est au patron voyageur de venir à composition ou de renoncer aux ordres sollicités. Or, vous n'êtes pas en route pour votre pur agrément, et outre votre intérêt, l'amour-propre vous décide à remplir votre carnet plutôt que de subir un échec. Ainsi, de concession en concession, vous vous nuisez en définitive, vous compromettez *l'article*; vos concurrents, qui voient vos factures, s'irritent contre vous, vous passez pour un *gâcheur*, et finalement vous arrivez à vous interdire, faute de prescience et par une économie mal entendue, la réalisation de la fortune rêvée. Mieux cent fois vaudrait pour vous, ô patrons irréfléchis, prendre un voyageur sous vos ordres, ou si vous ne pouvez vous résoudre à cette dépense, vous reposer sur votre ambition avortée et sur vos petits revenus. Au moins, la place serait nette et ne feriez-vous pas les choses à demi. Qui veut la fin veut les moyens. Se passer des moyens c'est se passer de la fin.

Retournez donc à votre bureau s'il vous convient de vous enrichir. Un contrôle plus exact de vos achats, une surveillance plus rigoureuse et personnelle serviront au moins le but proposé. Votre vanité y gagnera à ne pas être froissée, à chaque instant du jour, dans des démêlés familiers, où la qualité et le tarif des choses sont les prétextes d'une humiliation peu marchandée, et vous pourrez par surcroît, étant chez vous, choisir les heures de votre repas et de votre coucher, après une promenade quotidienne, au lieu de donner à votre corps et à votre estomac, jour et nuit, des fatigues mal réglées et toujours incommodes.

Le patron qui voyage, objet de l'animadversion des voyageurs ordinaires, vit dans un complet isolement. Il est comme l'exilé luttant avec l'indifférence générale, et sa dignité lui interdit d'assouvir ses besoins d'épanchement. Il y a plus ; l'urgence bien sentie de dépasser ses concurrents et de *brûler les villes,* le mettrait, voulût-il y condescendre, dans l'impossibilité de se créer des liaisons même passagères. A peine arrivé, il court la place, visite les clients, et les obligeant à se prononcer sans attendre, il lui manque les ressources des digressions et des anecdotes bien accueillies, fascination qui est le privilége du voyageur vulgaire. En compensation, il est bien accueilli, mais il n'en fait pas pour cela une meilleure récolte. Ne lui est-il pas indispensable de rentrer immédiatement à la maison, où les affaires l'appellent? Cet empressement a sa cause dans la situation du patron qui en voyageant ne se sent pas à la place où il devrait être. L'angoisse ne le laisse pas un instant en repos, le pressant toujours de poursuivre sa route. Or, le client aime à choisir ses heures et à prendre son temps. Il a de plus ses affaires qui le réclament. Le patron, de son côté, grave par position, manque de cette humeur joviale et étincelante qui ragaillardissent l'interlocuteur et le préparent à une bienveillance effective. Il en inventerait comme jadis, si ses préoccupations sérieuses n'excluaient les œuvres de l'imagination. Sa seule ressource consiste à causer des procédés de fabrication. Mais est-ce bien gai et inépuisable?

La direction des affaires, pendant ces excursions à contre raison, périclite au siége gouvernemental. Le patron s'aperçoit alors qu'il ne peut être à Paris et à Pékin. Il s'irrite contre les hommes et les choses, contre les roues du véhicule qui l'entraîne. Rarement il s'en prend à lui-même, le seul auteur pourtant des économies à rebours. Le mal est-il encore réparable ! Les opérations peuvent-elles être ramenées sur la grande route ? Souvent il faut enrayer et pendant ce temps-là, si la désillusion n'a pas amené le découragement incurable, les rivaux ont répandu leurs petites médisances qui nuisent plus que Waterloo ne nuisit au fétichisme impérial. Que la maison de commerce soit solide sur ses bases, ou, dans ces circonstances, la moindre mine souterraine la fera sauter, et ses amis les plus chauds naguère seront les moins empressés à défendre son honneur attaqué ; car le succès impose toujours aux masses intelligentes ou non.

Mais le patron, revenu de ses erreurs, a, dans nos suppositions, la force et le nerf de la guerre, c'est-à-dire les capitaux suffisants pour commander aux bons et aux méchants. Il a choisi un représentant. Celui-ci se met en route.

Quoi ! ne manquent pas de lui dire ses confrères, vous voyagez pour cette *boîte !*

Toute maison importante ou du dernier ordre, dont le patron a voyagé pour son compte, est une boîte. Comprend-on tout le mépris contenu dans cette épithète? Il faut vraiment un grand courage et une résolution inébranlable à un voyageur pour regimber quelque temps sous une telle définition formulée vingt fois en trente jours et qui a tout l'air d'une conviction dénigrante, mais sincère. Le moindre inconvénient qui puisse arriver au patron en ce cas pour conserver son voyageur, c'est d'augmenter son intérêt ou de l'associer. Il aura raison ainsi de la concurrence, de la calomnie, mais à quel prix? Et s'il ne se soumet pas à cette nécessité, il se verra bientôt seul, abandonné, ses affaires en désarroi; nul voyageur ne se risquera, même entre les plus médiocres, à accepter ses échantillons, et le démissionnaire, pour s'éviter les félicitations moqueuses, qui sont comme les chocs en retour de la foudre empestée et caustique, se croit obligé de surenchérir encore en inventant des détails nouveaux auxquels tout le monde feint de croire, car chacun trouve bénéfice à les colporter. Triste humanité!

Mais imaginons que ces inconvénients sont évités. Le patron, apercevant la déchéance et peut-être la ruine où il court, s'associe son voyageur. L'associé qui voyage ne perd

pas son temps. S'il ne *brûle pas les villes,*
comme le patron omnipotent le faisait, si les
soucis de la direction allant à la dérive en
son absence le laissent calme, il a, outre l'i-
solement signalé précédemment et le mauvais vouloir des confrères en sous-ordre, des
tourments qui l'oppressent. Souvent il est
marié, et la séparation lui fait voir tout en
noir, association et clientèle. Ne prend-il
pas, dans son opinion, la peine importante,
essentielle? N'est-il pas la cheville ouvrière
de l'entreprise? Que fait-on *là-bas* pendant
qu'il *trime?* La comptabilité lui semble une
boîte à malice, pleine de surprises, et, lui
absent, on a tout le loisir d'établir des balances fictives et mensongères, cela à son
immense détriment. L'imagination a sans
doute plus de part que la réalité dans ces
courroux de l'associé voyageur. Les inconvénients signalés n'en existent pas moins la
plupart du temps, et il faut la rencontre
inouïe de deux natures exceptionnellement
indulgentes, pour qu'ils puissent être évités.
Quelqu'un a-t-il rencontré souvent deux patrons, unis par contrat imprimé aux petites
affiches, l'un fixe et l'autre voyageant, pé-
nétrés d'une estime inaltérable et récipro-

que? Les dissolutions de sociétés sont presque aussi nombreuses que les anciens patrons ennemis. Pour nous, il nous a été impossible de mettre sous nos yeux, bien curieux de cette rareté pourtant, un patron voyageur confiant dans son *alter ego*, et *vice versâ*. Deux merles blancs sont donc presque aussi introuvables. Il s'en voit dans les Apennins, dit-on. Récit de voyageur, peut-être véridique. L'impossible se réalise d'ailleurs quelquefois.

Les deux associés se séparent à la suite d'une explosion indigne de part et d'autre. L'ancien voyageur fonde une nouvelle maison, car, malgré ses défiances, les inventaires lui ont constitué un capital, et, s'adjoignant d'ordinaire un acolyte, il se repose désormais sur un siége de cuir, ne se doutant pas qu'il peut inspirer au nouveau-venu les soupçons dont il gratifiait précédemment l'évincé. En tout cas, il ne voyage plus; il *en a bien assez*.

Résumons ce chapitre par un monitoire éloquent autant que bien fondé en fait. Patrons, prenez un voyageur et restez chez vous. Votre fortune s'en trouvera bien.

Nous raconterions, s'il vous plaisait, ô

lecteur, quelques histoires argumentant pour notre thèse, mais, comme elles seraient longues, nombreuses aussi, et trop graves, presque méchantes, bien que strictement vraies, nous nous abstiendrons de peur de nous susciter un déplaisant procès en diffamation. Le réel peut très-bien constituer, aux yeux d'un éloquent avocat, le délit de fausse nouvelle. Gardons-nous, et respect aux patrons. Ce mot gracieux nous vaudra leur bienveillance en retour de notre profonde estime et terminera ce chapitre déjà long.

V

LE VOYAGEUR MARIÉ

Tout homme qui voyage, civil ou militaire, devrait se vouer au célibat; nous ne disons pas à la chasteté, désirable certainement dans tous états.

La sagesse séculaire des peuples a prononcé cet axiome, et nous ne combattrons pas sa sentence.

Nos motifs n'ont pas pour but toutefois de faire valoir un soupçon injurieux à la charge du sexe faible et intéressant. Ce serait pure chicane et nous nous attirerions peut-être des ressentiments désagréables. Qui oserait au surplus prétendre que toutes les femmes et tous les maris sédentaires sont fidèles?

Poursuivons notre tâche sans nous encombrer de propositions embarrassantes.

Donc, en général, le voyageur de commerce se garderait sagement des liens indissolubles du mariage. Son épouse devrait être sa maison et il aurait avantage à lui être fidèle.

L'amour cependant, ce dieu malin qui convainc tous les mortels, en a décidé plus d'un à observer les lois naturelles jusqu'au mariage inclusivement. De justes noces lient donc parfois le voyageur de commerce à une femme adorable, charmante ensuite, pesante au bout du compte. On se lasse de tout quand on est inconstant. Or le voyageur change si souvent de gîte, de table et de couvert, il voit des individualités si variées et si sympathiques aussi, que l'oubli rapide l'entraîne souvent à des écarts de régime déplorables.

Il y a plus, l'amour et la fortune marchent rarement de conserve : on est jeune, étourdi; le lendemain n'a pas de raison excusable de ne pas ressembler à la veille, et il fait si bon de ne pas discuter le bonheur présent! Foin donc des préoccupations lugubres. A chaque jour suffit sa peine.

Ce qu'il y a de remarquable dans les proverbes, soit dit par parenthèse, c'est l'application excellente que nos passions les plus opposées peuvent trouver dans leur répertoire. On douterait à moins de la sagesse de nos pères, leurs inventeurs anonymes, bien que certains.

Rentrons dans notre sujet. Le voyageur assez malavisé pour céder à un penchant durable, devient donc l'époux fortuné de son Héloïse. La lune de miel dure trois mois. On vit largement, heureux de tout, content de rien. Héloïse chante et rit toute la semaine. Saint-Preux accompagne en faux bourdon. C'est à ravir d'aise de les voir tous les deux, le dimanche, sous une tonnelle, sur la même chaise, buvant dans le même verre, mangeant à la même assiette. Le paradis terrestre devait être probablement une éternité de joies pareilles : l'ivresse à deux et quelle ivresse ! Malheureusement nous n'avons pas su le garder ; de là la lune rousse. Pauvre lune de miel, où est ton premier quartier ? Mais où vont se loger les vieilles lunes ?

Un matin Saint-Preux, éveillé de bonne heure, soupire. Héloïse l'entend et s'inquiète dans son petit béguin à ruches. Qu'a-t-il donc? Ne l'aime-t-il plus? et l'espiégle provoque une réponse à ses questions et à ses baisers. Il l'aime encore! Mais alors pourquoi ce soupir? Peut-on avoir du chagrin quand on s'aime?

Il faut l'avouer : le fond de la bourse se voit et la dure nécessité oblige le mari à reprendre les voyages.

Maudit argent! Le bonheur des amants dépend donc aussi de toi! Ces délicieux loisirs, les fines parties, ces ivresses communes, tout le doux confort, au milieu desquels le cœur était en fête, les doit-on à ces jetons frappés au coin d'un visage aussi renommé qu'inconnu? En vérité, c'est incroyable, mais encore plus désolant. L'évidence ouvre tout à fait ces beaux yeux tristes maintenant, tout à l'heure si gais et si doucement émus. Mais il est donc vrai, il faut se séparer? Oh ! ne pourrait-on rester ensemble, trouver une autre occupation et au pis-aller s'en aller à travers le pays, deux à deux, comme pendant ces trois jolis mois passés si vite et qui dureraient ainsi toujours? Encore cela d'impossible, du moins pour le moment. Ah ! mon Dieu ! que la vie est donc pénible quelquefois ! Première plainte à la destinée. Si elle ne devait pas avoir de sœur, au moins.

Hélas ! il faut partir ! on s'embrasse cent fois, on promet de s'écrire bien exactement, et dans l'intervalle des lettres, de regarder chaque soir certaine étoile du sud qui paraît sourire aux amants. On pensera sans cesse à l'absent ! Quant à endommager le contrat mutuel, à oublier, on n'y songe pas : le doute est impossible ; la confiance embrasse tout, le cœur et les sens. La douleur a bien sa part dans cette pénible circonstance, mais elle est sans amertume, car l'amour lui prête ses charmes et sa douceur.

Rendons pleine justice au mari voyageur : il manque rarement à ses serments, et il y a quelque mérite à lui à ne pas fléchir sous l'inévitable choc de l'exemple et de l'entraînement. A quoi doit-il ce semblant de vertu? à l'expérience, car il a été de bonne heure au fond de toutes les dissipations, et il en connaît l'inanité aussi bien que les vertiges. Aussi fuit-il aisément ces tentations, dont il se préserve par le travail. L'esprit occupé se contente lui-même. Il a un foyer intérieur où viennent se consumer tous les désirs ailés et passagers, comme les phalènes à la lumière du soir. Le voyageur en se mariant a d'ailleurs en lui-même rompu à jamais avec un passé sans retour. Il a pu être insouciant, volage, par irréflexion, autrefois, alors qu'il était dégagé de toute responsabilité et de tout lien étranger. Aujourd'hui, sa conscience lui représente sans cesse ses devoirs sérieux envers les membres secondaires dont il est le chef. Il est grandi à ses yeux du jour où il a assumé sur lui des charges ignorées jusqu'alors, et s'il recule moins que jamais devant les fatigues, les déboires et les pénibles tournées, il sait mieux encore dominer les passions buissonnières qui l'écarteraient de son but et de son devoir sacré.

Voyez-le au milieu de ses bruyants et plus libres confrères. La journée est finie, ou du moins les clients vous laissent votre soirée. Le voyageur marié sourit un peu des gaudrioles, mais sa pensée est ailleurs, sérieuse et absorbée, et il cause posément. Ses dépenses, la durée de son voyage et de la séparation le préoccupent, entremêlées aux souvenirs attachés à ses chers absents; et, si on lui propose de se joindre à des plaisirs même innocents, il se détourne.

—Non. J'ai affaire, répond-il.

Ou plus franchement : Je ne suis plus garçon, moi !

Et il va faire son courrier, laissant ses confrères dire de lui, suivant l'expression consacrée :—Il est *emballé !*

Il a, lui surtout, bientôt assez des voyages ; qui s'en étonnerait ? Que ne peut-il se fixer, en effet, pour toujours près de sa femme et de sa petite famille ? Une position sédentaire est sa constante, sa dominante préoccupation. Ses démarches ne cessent de la réclamer, impatient de s'asseoir au foyer domestique.

Quelquefois aussi il s'inquiète ? Que fait-elle, se demande-t-il ? A quelle distraction prend-elle ses joies ? Est-elle, comme lui, bien désireuse de la réunion ?

Les doutes le poursuivent, mais il les éloigne, car sa générosité lui fait paraître monstrueuse, impossible une perfidie en regard du travail incessant qu'il s'impose pour le bien-être commun.

Sa seule peine tangible (toutes les autres lui sont supportables), c'est la séparation. Il l'abrége autant qu'il le peut, voyageant la nuit, *brûlant* les villes et aimant à devancer le jour marqué pour le retour. Il se fait un innocent plaisir de surprendre les siens, se figurant d'avance l'étonnement joyeux de sa femme lorsqu'il arrivera, précédé ou suivi de son bagage. Espérances si douces du repos dans l'amour et la confiante intimité !

L'abandon de tout soin sérieux consacre entièrement les premiers jours aux charmes de la réunion ; que lui sont maintenant patrons, clients et carnets d'échantillon ? Il s'appartient, il est à lui et aux siens. Qui pourrait-il envier ?

Un mois passe rapidement. Puis les perspectives pénibles remplacent bientôt la première semaine de sérénité. Il faut songer en soupirant à renouveler les échantillons, prendre en note les litiges, préparer la prochaine tournée, et enfin arrêter le jour de départ. Quel déchirement ! Ne lui donnera-t-on pas enfin ce qu'il souhaite, le calme stable et casanier. Est-il voué perpétuellement à suivre la voie d'Isaac Laquedem, le marcheur maudit de la légende ? Cherchez, ami ; ne vous lassez pas. Épouse en pleurs, ne ménage pas ta peine.

Elle ne se rebute pas, la pauvre affligée. Les démarches les plus désagréables lui sont un plaisir, un encouragement même. Les refus, les accueils impolis l'excitent et raniment son ardeur. Le but souhaité lui devient plus cher à atteindre, en raison des difficultés qui l'en séparent. Son cœur porte la grande vertu, le dévouement supérieur à tout : l'amour, ce brasier où le phénix trouve la mort et la vie.

Enfin elle a réussi. Mais à quel prix souvent. Le bonheur efface les angoisses passées, car son époux ne la quittera plus jamais. Il a une place sans mouvement, sans séparation, une place près d'elle. Plus de jours où on ne se verra pas. Elle lui mande la bonne nouvelle. La tournée commencée s'achève, et jetant un regard qu'il croit le dernier, vers ces campagnes et ces villes qui ne lui paraissent plus monotones, il se réjouit déjà dans le petit appartement où pour lui le monde entier se concentre. Adieu aux courses lointaines et si longues ! Adieu aux clients de province, à ces paysans mal vêtus en bourgeois présomptueux ! Il dormira désormais les nuits entières, et s'il succombe à la fatigue, la voix impitoyable de la concurrence ne criera plus à ses oreilles : Lève-toi et marche. Marche, marche toujours.

Il peut être malade à son aise maintenant.

Son chevet sera veillé par des soins qui ne sont plus mercenaires. Dans cette chambre froide, meublée à peine, si connue, si semblable partout, il n'y tremblera plus d'angoisse et de fièvre. Le duvet de son lit réchauffé par le souffle des cœurs amis, le guérira en lui donnant le calme, la joie et la sécurité intime.

Il ne partira plus ! — ces quatre mots étincellent dans les regards émus, dans les mouvements, les paroles qui s'échangent autour de lui. On a cessé de les prononcer depuis longtemps et ils sont encore sous-entendus partout.

Tel est l'épisode sentimental, mais vrai, de la vie du voyageur marié qui cesse de voyager. Les attentions sympathiques, les plus gracieuses prévenances l'entourent, le pressent, l'enguirlandent à l'envie. Il se lève tard, rentre de bonne heure, s'abandonne au coin du feu aux causeries familières si douces. Le paradis se réalise pour lui. N'en sera-t-il pas chassé ?

On s'habitue à tout, même au paradis.

Une éternité de plaisirs,
C'est une éternité de peine.

L'homme ne sait pas se contenter long-temps de la modeste et suffisante aisance. La satiété lui fait souhaiter un nouvel appétit. Saint Laurent demanda sur son gril à être retourné d'un autre côté. Cette prétention n'a rien d'étonnant; elle correspond exactement aux dispositions toujours nouvelles et ambitieuses de l'être né de la femme.

L'ancien voyageur rencontre un jour ou l'autre d'anciens confrères. Comment opèrent certains amis de province? Il est naturel de prendre des informations, car on ne peut rompre avec ses semblables, et les affaires sont d'ailleurs un motif sérieux d'entretenir ses relations. Puis les détails, les renseignements ne s'échangent bien qu'à dîner, et on ne dîne bien qu'au cabaret, *entre soi.* La femme se plaint bien un peu de cette fête dont elle n'est pas, mais elle est si instamment et vivement suppliée, qu'elle aurait vraiment mauvaise grâce à refuser congé à son mari. Une fois n'est pas coutume, dit-elle, et puis il lui tient si fidèle compagnie, que ce serait de l'égoïsme à elle de le retenir. Il a promis d'ailleurs d'être de retour à dix heures, au plus tard. Elle l'attend. L'heure convenue, puis une autre passent. La délaissée compte ces signes du temps écoulé. Enfin un pas alourdi retentit dans l'escalier. C'est lui, un peu ivre, bruyant et chantant. Les reproches de sa conscience parlent plus haut que ceux de sa femme ; il baisse la tête, et il semble honteux en balbutiant ses excuses : après dîner, on est allé au café ; d'anciennes amitiés, un client à ramener, se sont joints à leur table. Pourquoi tant de raisons ? il a donc fait plus qu'il ne dit ? serait-il coupable ?

Les soupçons dissolvants naissent dès ce moment de cette explication sincère du mari et d'un raisonnement injuste, mais essentiellement féminin. Le mari dort, tandis que l'imagination de sa compagne court d'impossibilités en impossibilités chagrinantes. Il ne pense plus le lendemain à son escapade. Seule sa tête embarrassée lui rappelle la digestion exceptionnelle de la veille.

A déjeuner, lorsqu'il rentre, madame est maussade, taciturne, et quelque peu de mauvaise humeur, quand elle est pressée de répondre à ses caresses. Il cherche à l'embrasser, à la faire rire ; mais elle le repousse, le rudoie même avec impatience. Première période d'une existence commune désharmonisée. L'aigréur remplace la tendre effusion entre les deux époux. Chacun fait ses réserves derrière sa pensée ténébreuse. Le mari qu'aucun attrait n'appelle et ne retient plus chez lui, qui en est même éloigné par un accueil farouche tout nouveau, fuit les fatigues morales le plus loin possible, dans les dissipations des anciens jours. Il cherche les jeunes gens. Pourquoi, comme eux, se demande-t-il, ne serait-il pas libre de s'étourdir. Au fait, qui pourrait l'en empêcher ? N'est-il pas un homme maître de sa personne ? N'est-il pas isolé, abandonné ? et puisqu'il est si méconnu, il justifiera les accusations injustes. Nargue les scrupules ! Après tout, celle qui en doit souffrir est bien la coupable, et il ne doit point se martyriser pour lui plaire.

Il n'y a pas loin, on le voit, d'une querelle irréfléchie à une rupture irrémédiable. Ah ! si les femmes savaient être douces toujours ! Mais elles sont le plus souvent capricieuses et trop persuadées de leurs prérogatives impeccables. L'homme qui se relève à leurs genoux est un criminel odieux. Être froid avec elles, c'est s'attirer toutes leurs colères. Charmantes et empressées pour les étrangers, leurs proches, qui sont leurs seuls amis, demeurent en butte à la persécution de leur imagination oisive.

La maison devient insupportable au mari, qui a les meilleures raisons pour rentrer le moins possible. Il est bien agité par quelques remords ; l'ennui, la fatigue, le dégoût le ramènent de temps en temps à essayer de la vie régulière. Hélas ! ces retours sont peu encouragés ; car la femme les imputant à son éloquence indignée, à ses arguments ironiques et aigre-doux, triomphe très-maladroitement et accable l'époux prodigue. Malheur au vaincu ! Pour lui l'intérieur n'offre ni repos, ni bonheur. Il a besoin de se distraire cependant après ses journées de travail assujettissant ; il fuit donc encore, et les reproches redoublent. Bientôt il n'entrevoit d'autre moyen de n'en plus essuyer que de reprendre les voyages.

Son parti est pris à la suite d'une scène plus violente que les précédentes. Il part donc, cherchant l'oubli.

L'agitation dès lors sera son seul repos, car il faut avant tout à l'homme le calme de l'esprit pour utiliser ses forces dans la bataille de la vie. Le fugitif pense-t-il encore à celle qu'il aima d'amour tendre ? Elle est pour lui, quand il y songe, son anxiété latente, son mauvais génie, sa chaîne et son boulet. Tout lui paraît bon pour éloigner le mauvais rêve et les folies coûteuses, ridicules, inconsidérées ne lui coûtent pas pour noyer le souvenir amer. Il est le boute-en-train des fêtes les plus inouïes, et le guide de ses jeunes confrères, il les dépasse en inventions désordonnées et mal séantes. Pourquoi s'est-il marié? Sa vie eût été plus réglée en restant libre de tous liens conjugaux.

Cependant il observe certains devoirs encore. N'est-il pas le banquier et le gérant responsable de son ménage? Vivant à peine deux mois de l'année avec sa femme, il lui envoie de temps en temps, à époques fixes, un bon à toucher à la caisse du patron. Elle ne manque pas de se plaindre en le présentant, mais ses récriminations sont inutiles : un chef de maison, que satisfait un représentant, reste sourd aux accusations sentimentales, sinon toujours muet.

—Voyons, dit en riant M.*** à son voyageur, placé dans le cas que nous décrivons, vous ne voulez donc pas vous ranger?

—Quand je serai veuf tout à fait, répliqua le subordonné sur le même ton, car il avait plus d'une fois raconté à son patron ses infortunes intimes.

— Mais songez donc, mauvais garnement, que votre femme, jeune, jolie, peut chercher et trouver ailleurs l'affection dont vous la privez, et si l'idée lui vient dans l'esprit de se dédommager du temps perdu en abstinence, vous vous repentirez trop tard.

—Bon ! qu'elle essaye et nous verrons....

Néanmoins, et bien qu'il eût prononcé gaiement ces derniers mots, préoccupé depuis cette observation amicale, il tenta de retrouver son ancienne affection. La femme, flattée, se fit valoir, lui tint rigueur par inclination naturelle au despotisme, et pour tout dire, refusa ses faveurs légitimes. Cette froideur ne le désarçonna pas cependant. Le Minotaure l'effrayait toujours comme le spectre de Banco. Il dit adieu bientôt, et le dernier baiser essaya de prouver une entière réconciliation; mais c'était une fausse apparence : l'ombre cornue le poursuivait sans relâche.

Deux mois se passent; le voyageur écrit et accuse une grande chaleur à la tête : il craint, dit-il, une attaque d'apoplexie. Madame alarmée devient alors toute tendresse et sollicitude; elle le conjure de rentrer; mais peu après, il la rassure : le grand air et l'amour rentré au bercail lui ont rendu force et courage. Tout à coup, au moment où son inquiétude se calmait, une lettre cachetée de noir et signée par un ami lui annonce la mort foudroyante de son époux.

L'infortunée repoussa d'abord les consolations. Puis le temps et certains souvenirs désagréables aussi diminuèrent son chagrin, et elle ne pensa plus au défunt qu'avec une amertume mitigée.

Six mois se passent. La dame avait réuni chez elle, le soir, quelques intimes, dont un agent d'affaires fort épris de ses charmes et chargé de liquider la succession de l'époux trépassé. Onze heures venaient de sonner à Saint-Eustache, la paroisse voisine. Les invités s'étaient retirés après le thé. L'unique bonne dormait à poings fermés. L'amoureux légiste, ardent et jeune, ne pensait pas à partir, et la jolie veuve oubliait bien des choses pour écouter le langage pailleté et fulgurant murmuré à son oreille. Sa main répondait aux enivrantes pressions, et ses beaux yeux humides parlaient éloquemment la langue universelle de l'amour charmé,

Le timbre retentissant de la porte extérieure troubla brusquement le doux tête-à-tête.

La veuve réveillée en sursaut sortit de son rêve et eut peur... Elle n'a jamais su pourquoi, car elle ne songeait guère aux morts en ce moment. Cependant, se calmant à un second appel, elle alla ouvrir, tout à fait rassurée. Au cri qui lui échappa, et entendant une voix masculine mêlée aux interjections étonnées de l'entrée, le galant devina instinctivement la nature de la visite reçue à cette heure indue. Le dossier confié à sa sagacité n'avait-il pas devancé le présent soupçon ? Il y a peu de surprise pour un homme de loi expérimenté, et celui-là était bien pressant ce soir-là, parlant moins de mariage que d'amour. Quoi qu'il en soit, il se glissa au milieu de nombreuses robes suspendues au porte-manteau d'un cabinet voisin, et de ce réduit, tous les mots échangés entre les époux lui parvenaient clairs et distincts.

La pauvre femme sans péché tremblait, non sans raison, comme la feuille qu'agite la bourrasque. Le revenant, lui, gros, bien portant et joyeux, trouvait la surprise agréable, un vrai coup de théâtre. Concevez-vous ! se faire passer pour mort et jouir de la gloire de la résurrection ! Tout le monde, en vérité, ne peut une fois dans la vie se procurer ce luxe inopiné. L'ex-veuve se remit insensiblement à la faveur de cette royale gaieté, en étreignant son mari :

—Ah ! que je suis heureuse, s'écria-t-elle, ajoutant tout bas : quelle horrible trahison !

Elle ne tarda pas à être prise d'une attaque de nerfs trop violente pour n'être pas jouée. La joie fait mal, l'époux s'alarma et sonna la bonne ; mais le temps, si précieux en semblables conjonctures, parut long à son impatience, et il sortit lui-même à la recherche d'un médecin. Cinq minutes après, quand il revint, l'heureuse épouse était calmée, bien que toujours brisée par l'émotion et le bonheur, dit-elle.

Mais où était la bonne ? Avec un cousin attaché, en qualité de serviteur de la patrie, à un régiment de ligne, caserné dans un camp fait en planches, d'où il était facile de prolonger la permission de dix heures. Le revenant, sévère, et n'aimant pas les escapades, fit comparaître la délinquante pour lui reprocher véhémentement sa conduite et lui signifier son congé.

—Vous n'avez pas honte de courir les rues la nuit, et de laisser votre maîtresse seule? fit-il en fronçant le sourcil en Jupiter Olympien armé de ses foudres menaçantes.

—Seule! allons donc! répliqua l'insolente reprenant sa liberté naturelle.

—Que voulez-vous dire, impertinente?

—Je m'entends bien, mais d'autres vous le diront. Le mariage n'était-il pas annoncé, d'ailleurs? Bonsoir.

Notre voyageur atterré comprit que sa plaisanterie avait eu des conséquences imprévues. La suite de l'histoire n'est pas arrivée jusqu'à nous, mais ce que nous avons vu, comme tout le public, c'est qu'il a abandonné les voyages et qu'il est le modèle des époux à l'heure où nous écrivons. Sa femme se dit la plus heureuse de toutes, et il faut la croire, car les personnes du sexe n'avouent guère leur félicité conjugale, mais plutôt des malheurs imaginaires le plus souvent pris à leur imagination oisive et exaltée. Notre mari-revenant fait toutes les volontés de sa compagne, complaisance exagérée et dangereuse, car c'est gâter la vie que de se soumettre aux fantaisies et aux caprices nombreux des femmes et des enfants. *In medio veritas ac felicitas.*

Un autre voyageur, plus crédule et innocent, arrive inopinément pendant la nuit, rue Montmartre, où sa femme l'attendait huit jours plus tard, réjoui d'avance en pensant à la surprise qu'allait causer son retour. Celui-là n'était pas jaloux, au reste, et lorsque sa femme ne voulut pas croire à sa venue prématurée et refusa de s'exposer d'ouvrir à celui qu'elle jugeait un mari apocryphe, il accepta d'aller réveiller son patron pour l'amener constater sa parfaite identité. Heureusement la rue des Déchargeurs est voisine. M. *** accompagna malicieusement son voyageur tout fier de la farouche vertu de sa moitié, et, son témoignage trouvé bon, le mari harassé, mais bien content, put pénétrer dans le domicile conjugal si bien gardé.

Nous ignorerions les détails qui précèdent, comme nous en ignorons tant d'autres, si les patrons brillaient toujours par la discrétion. M. *** ne se pique pas malheureusement de cette vertu silencieuse, et il raconte volontiers la présence, la nuit de la constatation à laquelle il fut invité, d'un chapeau trop petit pour la tête du mari. Maudits chapeaux !

vous serez toujours là pour troubler davantage les époux séparés de cœur déjà! En tout cas, le voyageur, robuste en sa foi, garda sa pure sérénité; son chapeau lui parut bien un peu exigu, mais il n'y pensa que pour le constater. Il s'était fait cependant tailler les cheveux, la veille, à Bordeaux.

Toutes les femmes ne sont pas perfides, il s'en faut. J'en appelle aux marins mariés. On a vu maintes fois l'épouse d'un voyageur de commerce, impatiente de l'absence prolongée au delà de ses désirs, aller rejoindre à l'autre bout de la France la moitié principale de toutes ses affections. Nous pourrions en citer même plus d'une que les dangers d'une périlleuse traversée en mer n'ont pas arrêtée. Mais on ne rappelle pas les exceptions, et ne sait-on pas que la femme comme l'enfant est héroïque sans le savoir, en ignorance du danger couru? Une autre raison nous prive de raconter les nombreuses anecdotes où des épouses dévouées exposèrent leur vie pour rejoindre l'objet de leurs préoccupations les plus chères; cette raison n'est cependant pas de premier ordre ni des plus élevées en désintéressement : si nous nous taisons sur les mérites à narrer, c'est que nos lecteurs comme nous, portent naturellement une envie secrète, mais très-réelle, aux prouesses dont ils ne sont pas les auteurs, et nous tenons à ne pas leur faire la peine de leur montrer que hors de leur personne il n'y a pas de grandeur. Imaginons-nous donc tous supérieurs aux pécheurs des deux sexes. Les traits exceptionnels que nous rapporterions ne sont pas la règle d'ailleurs.

Nous résumant, ce chapitre finira comme il a commencé.

Tout homme qui voyage, civil ou militaire, devrait se vouer au célibat.

C'est ce qu'il fallait démontrer. Y avons-nous réussi?

VI

LE VOYAGEUR QUI N'A PAS DE CHANCE

On aimerait à nier l'acharnement d'une chance contraire particulièrement attachée à certains individus. Malheureusement le désir ne détruit pas le fait, et le mauvais œil, la *jettatura* n'en existent pas moins. Activité soutenue, intelligence éveillée, prudence en alerte, rien n'est assez fort pour réagir contre les circonstances contraires. Bêtes et gens, tout semble conspirer, le ciel lui-même, le ciel sans nuages, contre le malheureux marqué au signe de la disgrâce, dès son enfance : Aussi n'avons-nous pas ri, comme maint incrédule inattentif, du pauvre disgracié qui s'assit un jour sur les bancs du tribunal de la Seine, avec cette inscription tatouée au front : Pas de chance !

Pas de chance ! Un grammairien puriste trouverait à reprendre à cet énergique néologisme. De moins difficiles, et parmi eux les académiciens académiques, passeront outre et accepteront le sens avant la lettre du mot, se rappelant le vieux mot populaire qu'il a remplacé ! Avoir du guignon.

Le voyageur de commerce, pas plus qu'autre créature humaine, n'échappe à la malignité constante du sort. S'il en est à qui tout réussit, d'ailleurs, même dans des conditions fâcheuses en apparence, on en rencontre en retour çà et là, pour qui tout est adversité, malgré les probabilités les plus favorables, malgré les plus opiniâtres efforts pour conjurer une fortune marâtre. Qui pourrait s'étonner que cet acharnement du sort fasse incliner au fatalisme ? N'ont-ils [pas, ces ennemis du bonheur, une cruelle expérience à l'appui de leur foi ? Aussi étudient-ils tous les signes, les présages, les dates et les jours, et en vain leur opposeriez-vous tous les arguments de la philosophie et de la sagesse modernes (les anciens croyaient au *fatum*); rien ne saurait les ébranler, rien ne les déciderait à se mettre en route ou à entamer une affaire le vendredi ou le 13 du mois.

— Mais, direz-vous ému de cette superstition incompréhensible, le vendredi et le 13, chez les peuples qui n'observent pas le calendrier grégorien, ont un nom et un chiffre différents.

Ils vous répondront, convaincus toujours, jamais ébranlés :

—Que font là les Russes et l'almanach? Chaque pays a ses mots et ses destins, et tous les raisonnements, tous les usages et langues ne peuvent rien contre ce qui est évident pour moi. J'ai bien assez de mes préoccupations sans m'inquiéter des autres peuples et de leurs jours néfastes.

Votre avis, ô lecteur bien-aimé, n'aurait donc pas plus de portée pour ces obstinés qu'une raillerie de Voltaire au milieu du Sahara.

Leur opinion arrêtée, qu'on peut appeler une crédulité pitoyable, a même eu le succès inattendu d'être partagée par leurs confrères plus heureux.

Joignez à cet encouragement l'autorité

qu'ils tirent, pour étayer leur sentiment, des anciens, des navigateurs, des militaires et de tous les hommes exposés journellement au danger par position. Il est agréable et facile de rire de cette pusillanimité, les pieds sur les chenets, le corps enseveli dans une douillette bien chaude, et la tête avec le tout doublement couverte par une protection de fourrures et d'ardoises.

Réservons-nous néanmoins d'attenter aux opinions inébranlables des gens qui changent cent fois d'avis sur la politique et la morale. Nous y perdrions notre éloquence, si petite soit-elle. Laissons-leur plutôt, par charité, leur exclusive confiance en ce qu'ils voient, palpent et mangent.

Mais il est bien temps de tracer de plus près le profil du voyageur de commerce qui n'a pas de chance.

De caractère doux, un peu taciturne et craintif, humble de prétention, hésitant toujours dans ses manières comme s'il posait le pied sur un cabaret de vieux Sèvres, il semble menacé à chaque pas qu'il essaie en tremblant et dont il annule trois sur quatre, en prévision d'un choc toujours prévu, fatalement juste.

Tout dénonce sa gêne, et cependant il est attentif et soigneux aux affaires de son ressort, pendant que ses confrères en prennent à leur aise dans les villes de prédilection. Il prend les devants avec scrupule. Peine perdue ! La concurrence qui vient après lui arrive encore plutôt, même quand elle en est précédée.

Sa contention d'esprit lui enlève jusqu'aux qualités qui distinguent le meilleur voyageur de commerce, excepté pourtant cette générosité native et de premier mouvement, héritage incommutable de Gaudissart. Mais il n'a pas cet entrain, ce *brio* étourdissant des confrères placés par le sort au-dessus des superstitions ou des timidités de tous genres. Se sentant captif d'un esprit malfaisant, son grand et perpétuel souci d'attirer sur sa tête des calamités assurées lui fait éviter les occasions risquées, si communes aux favoris de la fortune, et il est malhabile par trop de prudence. Un mouvement à droite ou à gauche, ou même en sens contraire qui n'est ni l'un ni l'autre, lui fait s'interroger si l'immobilité n'est pas le parti excellent. Tout est calculé de sa part, pesé, discuté en sa pensée scrupuleuse, et quand il le peut, il se garde de bouger de place, stationnaire fatidique sur un pied ou sur la tête, comme le fakir de l'Inde.

Quant à parler, à se prononcer en quelque chose, c'est lui être désagréable que de l'y provoquer. Il se tait par préférence, mais il ne refuse pas un mot, un sourire, une plaisanterie, le cas échéant. Sans doute alors il oublie sa vigilante surveillance de lui-même, et quand la réflexion l'y ramène, ce qu'on devine à un frémissement assez semblable au restant du réveil, sa tristesse plus assombrie, l'agitation de ses lèvres, sa rougeur fébrile et ses yeux baissés lui donnent l'air d'un nécroman qui fait une incantation.

Nous ne pouvons en vérité nous moquer de cet être bon, inquiet et de mœurs faciles. La commisération convient mieux à nos penchants.

L'homme que nous aimons entre tous, d'ailleurs, est atteint au suprême degré de cette monomanie funeste, et il ne nous répugne nullement de reconnaître le bien fondé de ses terreurs.

Racontons, à ce propos, un des jeux ironiques du sort à son égard.

Félix (un prénom dérisoire qui le stigmatise et le persécute depuis sa naissance à laquelle, dit-il, une fée méchante a .présidé), Félix, par une nuit obcure, arrive à V..., où s'ouvrait le lendemain une foire très-importante et dont, par parenthèse, il connaissait depuis dix ans les venelles les mieux dissimulées. Il fut laissé avec sa sacoche à vingt pas de la rivière. Or, la route avait été rectifiée, rapprochée du bourg et par conséquent de l'eau courante. Félix, myope comme doit l'être le cloporte, voyant devant lui une surface blanche, non moins silencieuse qu'un concert de truites, crut rencontrer une maison et alla de confiance, son mince bagage sous le bras. Tout à coup, au moment où il pensait mettre le pied sur le seuil de l'habitation fantastique, il se sentit descendre, couler rapidement à fond, au lieu de s'élever, comme il y comptait, et plus brutalement. Il n'y comprenait rien, en vérité ; ses notions de statique et ses prévisions étaient toutes bouleversées... et il se sentit, au milieu de ce trouble inouï, plonger en un bain sur lequel il ne comptait pas. Sa valise toutefois ne l'avait pas plus abandonné que l'instinct de la conservation. Nageur expérimenté, il poussa vers la rive, ignorant (on ne pense pas à tout) que le saut qu'il venait de faire dénonçait une falaise profonde et presque à pic. Où se diriger? Ses lunettes perdues, la nuit noire à représentèr l'antre du Ténare, gêné par la sacoche, ne pouvant se mouvoir que d'une main... il était réellement embarrassé, mais il n'eut pas peur un seul instant. Il était déjà fatigué jusqu'à l'épuisement lorsqu'il songea à se mettre sur le dos... Il fut reposé alors, mais il suivait le fil de l'eau et la sacoche précieuse l'importunait toujours...: S'il avait pu s'en faire un oreiller pour reposer sa tête ! il y songea, mais jugea ce confortable imprudent. Enfin l'idée lui vint d'appeler des secours. Au fond il ne croyait guère à son salut, pensant aux tours mauvais et habituels de son cruel destin; mais tout en criant en désespéré, disposé à rester en bonnes relations avec la vie, il se disait à part lui : Je me repose, l'eau me mène et je finirai bien par rencontrer une rive abordable ou, tout au moins, l'écluse du moulin qui m'arrêtera.

Sa pensée seule, on le comprend, et non sa voix, parlait ainsi. Sa voix continuait à persécuter les échos voisins. Des buveurs, qui n'avaient pas trouvé place dans les auberges, attendaient le jour en chantant au cabaret.

Leurs chansons rustiques faisaient grand bruit. Félix heureusement avait été doué par son fâcheux destin d'un baryton merveilleux. Il couvrit le bruit des buveurs. On accourut à son appel éclatant. Des perches lui furent tendues et il put enfin fouler du pied le sol solide. Mais il ruisselait comme un dieu pluvial, et son premier besoin fut de demander un lit pour se sécher la peau. C'est ici que sa funeste destinée, si propice d'ailleurs à ses organes vocaux, reprit sa domination. Il n'y avait non-seulement pas de lit, mais la sacoche, objet de sa sollicitude si vive, laquelle contenait du linge et des vêtements de rechange, n'était pas la sienne et ne contenait qu'une paire de bottes propres, pour la forme et l'allure, à chausser un toucheur de bœufs.

— Mais vous voyez bien qu'il me faut un lit! s'écria l'impétueux Félix pour qui il était plus facile de demander que d'obtenir satisfaction. Il parla enfin si haut, ses exigences s'élevèrent si éloquentes, du milieu de la vapeur qui s'échappait comme l'encens de son vestiaire fumant sur sa personne, qu'on lui offrit la moitié d'un lit occupé par un bouvier. Il aurait accepté de coucher avec les chevaux! Jugez s'il repoussa la proposi-

tion. Il monta seul au premier étage, d'où
jeta au rez-de-chaussée le dernier vêtement à sécher, et il pénétra dans une chambre entr'ouverte. Trois lits, larges chacun
comme un salon de Paris, ornaient la longue pièce ou il pénétra sans lunettes. Les deux
premiers présentaient aux yeux investiga-
teurs du myope, un couple bruyant de deux
ronfleurs joufflus. Le murmure plus léger
d'une jolie paysanne, assise ensommeillée
sur une chaise, attira le héros près de la fenêtre et du troisième lit. Ses vêtements dans
un charmant désordre distrayèrent un peu
par leurs révélations l'attention de Félix du
concert solitaire, où le faux bourdon avait
grande part. Il contemplait d'assez près les
bruns trésors fermes et appétissants exposés
devant lui, car son bain forcé n'ôtait rien à
son bon goût et il n'avait plus froid.....
Cependant après s'être fait à lui-même une
description détaillée de la jolie dormeuse
il jugea nécessaire de voiler sa propre personne trop décolletée sous la troisième paire
de draps, et il se plaça aussitôt côte à côte
avec le premier occupant du troisième lit
voisin. Il n'y dormit pas cependant, grâce à
mille insectes et au démon qui rapproche les

sexes. Ses yeux bien ouverts commentaient
le tableau étudié d'avance et aucun contour
n'échappait à son imagination éveillée.

Les bruits incommodes du rez-de-chaussée
ôtaient cependant au héros le calme, le repos et la sécurité, et il accusait le destin, suivant sa coutume, disant : Impossible de clore
la paupière. En vérité, ces contrariétés-là
n'arrivent qu'à moi !

Sur ces entrefaites, du fond de la cuisine, monta retentissante la voix suraiguë
de l'hôtesse, appelant une Jeanneton quelconque, et comme raison et réponse ne lui
étaient faites, la grosse dame fit irruption dans
la chambre, les imprécations et les solécis-
mes injurieux à la bouche.

— Allons, paresseuse, éveille-toi et des-
cends nous aider, criait-elle. Le mort se gar-
dera bien tout seul, surtout que puisque tu
dors, il peut bien se passer de toi...

Félix ne comprit pas clairement d'abord
le sens de ces paroles ; mais en voyant les
deux femmes faire dévotieusement le signe
de la croix devant le lit dont il occupait la
moitié, il sauta à terre, pris d'un sentiment
d'indicible terreur, et s'enfuit en criant, sans
prendre garde à son costume ou plutôt à son

absence de tout costume. Les femmes, croyant à la résurrection du défunt, prirent peur à leur tour, et tous les trois, effrayés par leur propre panique, descendant l'escalier dans une épouvante folle, tombèrent évanouis sur le sol de la cuisine.

Les vêtements de Félix, séchés devant un grand feu, étaient secs en ce moment et il put s'en servir immédiatement.

Lorsqu'il nous raconta ce qui précède, encore mal remis de son effroi :

—Oh! quelle chance indigne me persécute ! dit-il.

Rien ne peut guérir les superstitieux. Félix mourra donc comme il a vécu, décidé à ne pas voir le hasard, auteur principal de bien des choses en ce monde. Encore s'il ne meurt pas de peur !

Ajoutons pour ceux de nos bienveillants lecteurs qui veulent tout savoir, que la sacoche fut fidèlement rapportée deux jours après. La mauvaise chance l'abandonna en cette circonstance, puisqu'en même temps il retrouvait une somme importante en billets de banque cachés dans une poche des habits égarés. Félix néanmoins ne pouvait se dispenser d'imputer un grief à quelqu'un, il

jura contre les marchands d'articles de voyage
qui font des sacoches se ressemblant toutes,
ce qui explique et favorise les erreurs.

VII

LE VOYAGEUR HEUREUX TOUJOURS

A en juger par les dehors seuls et dans leurs réunions si insouciantes, si gaies toujours, ce type serait commun parmi les voyageurs de commerce. Jamais cependant apparence ne fut plus trompeuse. La bonne humeur et le contentement de soi-même, en effet, ne sont pas là, comme ailleurs, les signes d'une satisfaction positive. Plus que quiconque, à quelques rares exceptions près, le voyageur sait, il est vrai, faire contre fortune bon cœur. Il doit cette aimable vertu (c'en est une dans notre siècle morose) à la rapide fantaisie de ses impressions, partie intégrante, indivisible, et grâce de l'état. Comment un homme jeune, toujours par caractère et par habitude, sinon par les années, concevrait-il la romanesque mélancolie ? S'il y a des jours sans argent, la faute en est *à la maison,* et que servirait de s'arrêter à une contrariété momentanée ? Les amis et le maître d'hôtel ne sont-ils pas la providence du voyageur resté *en panne,* lorsque le malaise pécuniaire se prolonge un peu trop ? Ce nuage ne peut former d'ouragan jamais, et notre pitié attendrie s'adresserait mieux à des infortunes plus sérieuses. Mais, en revanche, le marasme des affaires assombrirait-il des pensées toujours riantes ?... Non, point encore. L'azur s'épurera, les arbres reverdiront comme les affaires éclipsées passagèrement, mais fatalement réservées à *reprendre.* Le moment est mauvais; il n'est pas désespérant. On n'achète pas; raison de plus pour qu'on achète bientôt. Gorgez le client de marchandises et vous ne lui vendrez rien à la prochaine tournée. Laissez-lui le temps d'*écouler* et, vous verrez quelles commissions vous prendrez. Le commerce, comme la nature et la vie, brille par les seuls contrastes.

Faire beaucoup toujours serait monotone. Mais a-t-on vu se ressembler dans une année deux jours, dans un arbre deux feuilles, dans un coupé deux visages? La grande loi des contrastes a donc sa raison d'être. Elle s'appelle agrément et beauté. Dieu l'a faite; pourquoi en gémirions-nous. Le client ne veut pas *mordre* pour le moment; arrêtons nos places, et en attendant de *filer,* les douceurs du noble jeu de piquet et l'amertume d'un pot de bière nous feront oublier le mauvais temps, la clientèle et le patron — toutes choses fatigant notre vie d'un bout de l'an à l'autre.

Telle est la philosophie mise en pratique par le voyageur. En connaissez-vous de préférable ?

Cet oracle est plus sûr que celui de Calchas.

La peine véritable du voyageur de commerce, c'est d'abord le voyage. Il lui préférerait, dit-il, et on doit l'en croire, l'oisive jouissance de dix mille livres de rentes, et son *far niente.* Alors il consacrerait à la pêche à la ligne, ou au billard, ou à la galvanoplastie, à faire ce qu'il lui plairait enfin, tout le temps non donné aux amours. Oh ! les amours!

voilà le réel, le plus grand souci du voyageur, son tourment, sa sollicitude impatiente. Quoi ! il aime (quand il aime) ; l'injustice, la cruauté, le tourment de sa profession, l'obligent à fuir comme Télémaque de l'île de Calypso, malgré lui, poussé par Minerve, sous le déguisement fallacieux de Mentor-Patron ! En vérité ! son destin n'est-il pas pitoyable ?

Et si la jalousie au visage jaune et creux lui fouille le cœur avec ses doigts crochus, quel supplice de damné ! que fait-elle, où est-elle, que pense-t-elle en ce moment ? se demande-t-il. Pourquoi ne m'écrit-elle pas ? aujourd'hui cependant je devrais recevoir une lettre ! Corne et tonnerre ! son petit cousin la regardait bien tendrement, ce me semble, la veille de mon départ ! Oh ! si je le croyais ! si j'apprenais ! je *lâcherais* tout et j'irais faire un malheur !... Mourir à ses pieds, après avoir vengé mon outrage dans son sang.

Lecteur, ceci s'appelle des mots redondants, mais creux, et pas autre chose, croyez-moi. Le voyageur de commerce est moins sanguinaire qu'amoureux. Et encore amoureux ! il me faudrait une évidence aveuglante pour me convaincre de sa constance pendant quinze jours après son départ. Il est certainement facile à s'épancher, même à aimer *ipso facto,* c'est-à-dire séance tenante. Personne ne songe à lui contester ce mérite transcendant, mais réel. Il voit, en effet, tant et de si jolies inconnues ! La tentation est trop forte, trop fréquente, vraiment. C'est sa décharge. Mais l'absente, hélas, celle dont il sait le nom et la demeure ; celle qui reçut et échangea avec lui mille serments de constance éternelle... pour dix mois, — en a-t-il gardé l'image bien vive dans son cœur, comme au fond de sa malle, entre ses mouchoirs et sa douzaine de chemises, encadrée dans un cadre payé au photographe ? Un mois, c'est long, et l'on voit tant de choses, d'idées, d'hommes, d'arbres, de jolies filles, et l'humeur et la perspective sont si changeantes ! Une préférence sommeille bien au fond de son cœur ; il aime toujours celle qui reçut ses serments ; elle est la première entre toutes et elle peut compter sur son amour sinon sur sa fidélité.... Mais quant à repousser les faveurs offertes, ce serait de l'ingratitude et même un manque de générosité naturelle envers lui-même. La charité ne nous fait-elle pas une loi d'aimer notre prochain autant que nous ! En bonne conscience, on ne pourrait, sans injustice, reprocher au voyageur l'obéissance aux lois divines, surtout à celles qui sont si douces à observer.

Tout donc contribue à lui donner la calme sérénité, et si quelque chose le tourmente, c'est moins le remords que la jalousie. Encore celle-ci tarde peu à le laisser (en repos, et l'objet qui la causait serait mal venu à en murmurer. Le voyageur est excellemment doué pour être heureux.

Cependant il lui faut l'agitation continuelle pour ne pas sentir le vide où il roule. Son bonheur n'est réellement qu'en surface, et il partage ainsi l'infirmité commune à l'espèce humaine. Mais qu'importe ! le bonheur n'est-il pas dans l'illusion qu'on se fait? et s'il n'est pas exempt de tout embarras nébuleux, le robuste tempérament du voyageur de commerce en sent légèrement l'influence pernicieuse, grâce au peu de temps qui lui reste pour lui accorder son attention.

Une félicité imperturbable semble échue à quelques rares privilégiés. Sans croire positivement au pouvoir des esprits favorables ou non sur la destinée, nous reconnaîtrons, si l'explication nous en manque, l'autorité puissante de protecteurs cachés, mais assurés à certaines individualités. Tous les chemins s'aplanissent, grâce à eux. On dirait leurs préférés conduits à la main par une fée puissante, dont la baguette magique écarte les obstacles et les ennemis. Ennemis et obstacles paraissent même concourir à la plus incroyable et heureuse chance imaginable. Vous avez pensé vous rencontrer avec les probabilités les mieux déduites en voyant ces bénis du sort courir à une chute certaine. Ainsi une contrée a été battue avant leur passage par des concurrents nombreux. La moisson a été faite ; grain et ivraie sont engrangés ; il n'y a même plus à glaner en apparence, et les champs commerciaux ne se garnissent pas encore pour souhaiter la bienvenue. Vos prévisions sont en tout conformes à la logique. Eh bien ! les heureux se mettent en chemin, le sourire confiant sur les lèvres, et leur succès étonnant confond à la fois la logique et les pronostiqueurs. Il se fait des miracles pour eux, et seulement pour eux. Portent-ils un talisman, une vertu, un charme ? Rien de tout cela, évidemment, ni charme, ni talisman, moins de vertu encore. Mais quel est donc leur bon génie qui se dérobe, que rien ne fatigue et qui fait concourir à ses desseins l'inimitié elle-même? A cette interrogation posée mille fois, les vétérans répondent par le mot populaire : La chance! en levant les épaules, indignés de ce que de plus actifs, de plus intelligents, de plus modérés perdent leurs soins et leur expérience consommée à lutter contre ces favoris de l'aveugle fortune : on se console, il est vrai, par des sarcasmes contempteurs. Mais quoi! l'envie, la médisance, le dénigrement, la calomnie même et toutes les nauséabondes poussières que soulèvent les pas humains, doivent s'avouer vaincus et impuissants.

Rien qui ne réussisse à ces indomptables heureux; tout leur tourne à bien, même la balle qui tuerait un crocodile à la cuirasse pourtant à l'épreuve, même une chute du haut d'une cheminée, à laquelle un pompier ne survivrait pas.

On riait sans gêne, entre confrères, il y a quelques années, d'un jeune étourdi, représentant d'une maison de Saint-Étienne (articles rubans), garçon très-joyeux, très-insouciant de tout, mais très-aimé et très-aimable, de ce qu'il affectait de porter sa casquette de manière à couvrir son front de la visière.

S'il eût eu un défaut sérieux, on eût oublié ce travers, car la paille du prochain nous cause toujours grande joie : il semble qu'on s'excuse soi-même de n'être pas parfait. Mais un jour la raillerie devint stupéfiante, lorsque notre jeune confrère rentra à l'hôtel Portes, à Toulouse, montrant la fameuse visière tranchée par une ardoise, au moment où il passait, par un grand vent, sous une maison de la rue des Balances, en compagnie d'un marchand bonnetier, son client. Un fragment de carton doublé de drap, l'avait seul préservé d'une mort assurée, s'il ne l'eût point placé habituellement penché du côté droit. À combien d'accidents de diligence et de chemins de fer ces protégés de la chance n'ont-ils pas échappé comme par miracle ! Au passage de la Dordogne, après Beaulieu, pendant une nuit sans lune, un voyageur tombe à l'eau. Il ne sait pas nager ; il plonge, se débat, revient à la surface et pousse un cri que personne n'entend, car sa disparition avait été subite et inaperçue. Mais un train de bois, guidé sans doute par un esprit secourable, se détache en ce moment de la rive. Le noyé s'en saisit à sa troisième immersion et le voilà sauvé. Mais ce n'est pas tout. Enveloppé dans une limousine oubliée sur son radeau, il attendit le jour, ne se doutant pas qu'à cent mètres plus loin (le train de bois avait heureusement traversé la rivière), la diligence qu'il avait si malencontreusement abandonnée, était arrêtée devant un éboulement qui interceptait la route. Ses appels réitérés attirèrent enfin l'attention du conducteur, et il eut encore le temps avant de partir, de changer de linge dans une chaumière voisine.

Ces bénis du sort trouveraient des truffes sur le radeau de la Méduse.

Dirons-nous les désastres financiers auxquels ne manquent pas d'échapper ces êtres exceptionnels? Ce serait forcément rentrer dans la catégorie générale des heureux de toutes les professions, et nous devons nous en tenir au seul voyageur de commerce.

Un de nos amis, ayant plus de bonheur que de continence, monte par erreur rue Notre-Dame-des-Victoires, sur un omnibus du chemin de fer qui le conduit à la gare de Lyon au lieu de le mener à celle d'Orléans, où une charmante compagne devait l'attendre. Vite notre voyageur prend un cabriolet et brûle le macadam. Mais en traversant le pont d'Austerlitz, il bénit le Dieu des amants en apercevant dans la même voiture et revenant, sa dame éplorée, assise aux côtés de son époux, ancien militaire encore plein d'intelligence de tous les outrages matrimoniaux. Que ce serait-il passé sans cette bienfaisante confusion d'omnibus ? L'ancien militaire avait un frère avocat, fort batailleur de tempérament ; un duel et un procès eussent attendu l'amant au boulevard de l'Hôpital. Mais l'aimable chance avait tout gouverné, tout en abandonnant la dame aux brutalités soldatesques. Pauvre petite femme ! un mari si emporté ! un amant si étourdi ! Quel sort était donc le tien ?

Le militaire fut tué en duel l'an passé par un galant moins favorisé. Sa veuve lui a donné un successeur, mais ce n'est pas notre ami. Encore de la chance !

Cette chance finit, dit-on, par se lasser à la fin. En attendant, le héros de l'aventure épousera prochainement la fille de son patron, riche négociant des Fossés-Montmartre. Vous verrez qu'il sera encore gardé dans son ménage contre la peine du talion.

O fortune ! n'ai-je pas eu tort, après tant d'autres, de t'appeler l'aveugle déesse.

VIII

LE VOYAGEUR TOURISTE

Pourquoi ne pas l'avouer? Le voyageur de commerce n'est pas naturellement plus touriste que sentimental. Les escarpements de montagnes, les passages et les accidents périlleux, les circuits pittoresques qui allongent la route, sont l'opposé de ses goûts. Il lui faut la ligne droite, les chemins frayés, directs, la grande route, les chemins de fer de préférence. L'impatience d'arriver le tourmente sans désemparer, et s'il flâne de bon cœur, ce n'est pas devant un paysage, mais entre deux rangées de maisons. L'art n'a pas fait l'éducation de son âme, venue effacée en ce monde, comme celle de bien d'autres. Qui l'eût écrit sur cette table rase, parmi les instructeurs commerçants préposés à fournir cette jeune intelligence? Les penchants innés, portés d'une existence antérieure, s'oublient quand on ne les entretient pas, et ce n'est pas derrière un comptoir que l'on entretient le foyer de l'immatériel désintéressement.

Il s'est rencontré parfois néanmoins, le voyageur qu'une fortune contraire a fait le représentant d'un fabricant de chaussures espadrilles ou de cotonnades et bonneteries. Cet oiseau miraculeux (*rara avis*) nous a séduit, tant il est rarissime, et nous n'avons que notre sympathie pour le mettre en lumière, au risque de nous voir taxé d'irrévérence historique. Il existe, nous le certifions aux incrédules, et si on en rencontre à peine un sur mille, c'est-à-dire soixante à peu près, dans la corporation des voyageurs de commerce, ce n'est pas la faute de l'écrivain, mais celle de la profession à laquelle le destin l'a condamné.

Le touriste fait-il des placements? C'est supposable, car sa carrière ne serait pas longue s'il s'abstenait de satisfaire son supérieur, et il se priverait ainsi de courir le monde selon ses goûts. Il ne tient pas autrement à faire des affaires, et son bon plaisir, sa curiosité, les monuments et les ruines prennent la plus grande et la plus chère part de son temps. Flâneur, dormeur, rêveur, il néglige volontiers l'heure des rendez-vous et même des repas. L'avenir d'ailleurs flotte au centre principal de ses préoccupations, mais il le comprend dégagé de toute attache mercantile. Son ambition serait de vivre sans manger, sans boire, sans autre désir que de contenter ses préférences. L'aiguillon de la faim force malheureusement ses répugnances, et s'il les surmonte courageusement, ce n'est que par des efforts de volonté qu'il n'atteindrait pas, n'était la nécessité d'agir pour se substanter. On dirait un poëte qui veut se faire un sort pour *poétaner* à son aise. En attendant ce *desideratum,* il souffre horriblement de ses occupations moralement sordides pour lui. Un conscrit va plus volontiers au feu que notre touriste à la chasse des commissions. Pauvre illuminé ! tu risques fort de rester au milieu de la grand'route de l'aisance ! Médiocre voyageur, tu entretiens des rêves que tu ne réaliseras jamais, à moins de rencontrer un héritage imprévu, si tu entretiens exclusivement ta passion vagabonde en laissant libre la concurrence.

Où puise-t-il ses tendances artistiques? où son instinct si porté à l'idéalité et à la rêverie? Sans doute d'un autre monde, d'une existence antérieure, en s'incarnant dans celle-ci. Dégagé naturellement de toute inclination matérielle, dominé par le besoin de se contraindre pour suffire aux besoins élémentaires du corps, il poursuit sa route écœurante, alors qu'il voudrait vivre comme les oiseaux et se vêtir comme le lis; ce qui ne constituerait pas, eu égard à ses mœurs contentes de peu, et bien qu'on en ait dit, une splendeur comparable à celle de Salomon.

Le client lui est antipathique. Pourquoi se dérangerait-il pour ce brave homme? L'importunité lui est pénible. Il est si doux de s'abandonner au fil de l'eau du grand fleuve! Le travail lui paraît une détestable invention quand il ne s'accorde pas avec les penchants instructifs. L'homme est né pour le travail qui lui plaît et non pas pour un autre, n'en déplaise à maints cuistres moralisant. Ainsi pense le véritable artiste, nature féminine portée à l'agitation qui donne l'élasticité à l'organisme et le sang au cerveau. Mais quant à faire au delà, quant à détourner sa vocation de la grand'route indiquée, cela est irrationnel à ses yeux, et plutôt que s'astreindre à une tâche imposée, monstrueuse, mieux vaudrait cent fois, selon lui, se coucher dans un fossé et y attendre le dernier sommeil, les derniers regards aux étoiles et le cœur aux ineffables sensations.

Heureusement pour les sociétés, la vie impose ses exigences, car on ne vit pas seulement d'un rayon de miel ou de poétique lueur. Heureusement aussi, le plus souvent, le voyageur touriste, délicat d'éducation, a pour père un chef de maison. C'est à cette double circonstance qu'il doit de ne pas finir misérablement sur un lit d'hôpital.

Mais il arrive parfois que quelques artistes incurablement poétiques se dégagent tout à fait de toute obligation positive. Ceux-là ne font pas deux voyages ; le patron mécontent enraye leur essor après la première preuve d'incurie. Au départ cependant, ils étaient animés d'une active bonne volonté, ne doutant de rien, mais remettant sans cesse au jour suivant leur visite à la clientèle, les jours se sont passés fugitifs, insouciants et agréables, et pas une commission n'est encore prise deux mois après l'ouverture de la campagne. Le carnet d'échantillons arrive immaculé à Nice qu'on brûlait de voir; sa serrure oisive s'est rouillée. On a suivi exactement l'itinéraire dressé par le patron; c'est le seul plaisir qu'on a pu lui faire, mais quant à passer le seuil du client et à lui proposer un article infect, l'effort serait insurmontable. A d'autres moins dégoûtés ou plus courageux!

Un lecteur étranger au commerce niera peut-être ce type rare, mais très-vivant. Il n'est pas en revanche un voyageur qui n'ait rencontré, une fois au moins, le touriste-confrère bayant aux corneilles nuageuses.

Le hasard nous favorisa un jour tout particulièrement. Notre artiste, qui avait été acteur en dépit de sa famille honnête et commerçante, arrivait à Marseille lorsque nous eûmes l'appréciable jouissance de contempler sa barbe fauve, après soixante jours de tournée entreprise aux frais d'une maison de Bordeaux. Sa grande application consistait à obéir à ses fantaisies intuitives. Il s'évitait toute peine étrangère, même celle bien facile d'écrire à son patron. Que lui aurait-il mandé, se disait-il? La beauté du paysage, le pittoresque des sites, ou la voirie mal entretenue des villes du Midi? Ces sensations-là concernaient en vérité le seul voyageur. Depuis deux jours cependant, le diable prenait librement et sans gêne ses ébats au fond de sa légère escarcelle. En autre terme, le dernier centime de sa dernière pièce de cinq francs avait suivi ses aînés. Emprunter aux confrères, en se conformant à l'usage très-encouragé, lui sembla une impossibilité : il n'en fréquentait aucun, faute de temps, car il se donnait entièrement à l'admiration contemplative des choses inanimées, et quelle garantie morale ou de crédit offrirait-il au bienveillant prêteur? Notre touriste, très-perplexe, poussé par l'extrémité où il était, se résolut à rendre visite pour la première fois à la clientèle.... pour lui vendre ses échantillons. Le premier marchand auquel il s'adressa recevait justement une lettre du patron, qui l'autorisait à couper *illico* les excursions fantaisistes. L'artiste platonicien fut encore très-heureux de rentrer à Tours aux frais de M. son père.

D'autres artistes, ne prenant pas plus de

peine, savent mieux faire. Ils prennent des noms aux enseignes et envoient à leurs maisons des ordres qui n'ont jamais été remis. Détestables expédients qui ne portent pas loin leur avenir commercial.

Le plus consciencieux touriste s'occupe commercialement par intermittences. Il écoute certainement, agissant ainsi, son intérêt avant tout autre, mais en réalité il représente effectivement quelque chose. Ce n'est point là, à beaucoup près, le voyageur de commerce par excellence, et les meilleurs le valent bien, si les plus mauvais lui sont inférieurs. En tout cas, le touriste qui *voit le client* a une valeur quelconque. La qualité presque négative, qui le soustrait à une complète indifférence en matière négociable, constitue néanmoins une valeur réelle : il n'est pas rêveur, et ce défaut d'absorption le distingue des paresseux impénitents. La flânerie, si chère à ses instincts, ses aspirations vers les rentes oisives, s'effacent quand il le faut devant l'utile impitoyable. Alors il court, il vole; nul ne l'égale en activité dévorante. Il acquiert ainsi le droit à un long *far niente*. Le mouvement l'étourdit et le ravit à l'indolence. Son jovial entrain, partie inséparable de son tempérament et agréable à son interlocuteur, l'entraîne et lui facilite les affaires. Sa loquacité, pittoresque et mondaine aux trois quarts, étincelle; les femmes cloîtrées derrière les grilles du journal et du grand livre en sont charmées. L'étonnement, la nouveauté secondent ses autres séductions, et il enlève sans peine des commissions importantes. Les succès faciles encouragent tellement le touriste voyageur, qu'il ne laisserait rien à glaner après lui, si l'invincible obstacle des magasins remplis n'interdisait au client des demandes nouvelles; or, un refus abat aisément l'artiste qui ne travaille qu'à ses heures. Il lui faut pour remonter sur la brèche, une nouvelle surexcitation morale née de la nécessité. Dans ses intervalles de repos, les rivaux font leur curée, ce qui leur serait interdit si la lassitude ne faisait échec au sémillant touriste.

Un voyageur qu'on peut rattacher au type qui sert d'en-tête à ce chapitre, c'est l'homme à aventures. Lui aussi a son idéal auquel il voue un temps précieux. Mais ne lui demandez pas son sentiment sur tel ou tel point de vue, sur une ruine quelconque ou sur les mœurs qui frapperaient l'artiste. Les monuments et la belle nature sont pour lui également invisibles. Il est tout entier à son projet : un mariage opulent. Attentif aux rencontres fortuites, sa préoccupation se partage entre les soins donnés à sa personne parfumée et les beautés dont le hasard pourrait le faire le fortuné vainqueur. Il n'est bien communicatif que par le regard, mais il étincelle et rayonne. Une lentille, placée devant son œil incendiaire mettrait à coup sûr le feu à la créature la moins inflammable. L'expérience a réussi, croyons-nous, en deux ou trois occasions favorables, et ces indices accusent une infaillibilité qu'on ne saurait méconnaître. Les prétentions très-justifiées, en conséquence, de l'aspirant aux fonctions matrimoniales sont issues ordinairement de la certitude du triomphe et aussi d'avantages physiques attestés par un miroir flatteur autant que vaniteux.

Une dame un peu laide et déraisonnablement contrefaite, passant un jour devant un café, à C***, essuya les brocards de quelques voyageurs incivils, que l'élégant de la bande réprimanda à haute voix. La dame reconnaissante se trouvait libre, très-majeure et riche, qui plus est. Elle fit rechercher son courtois chevalier, et, malgré toute sa famille, le récompensa en manifestant et sacrifiant à la fois sa liberté à son beau défenseur. L'union accomplie est physiquement disproportionnée, évidemment ; mais cet exemple a grisé plus d'une imagination cupide. Les Français d'ailleurs, si braves sur le champ de bataille, savent toujours faire bon marché de leur vie ; par générosité ils courent au soulagement des femmes contrefaites, pour peu que la fortune les rende intéressantes. La France est un grand pays !

L'émulation et la courtoisie des voyageurs de commerce ont grandi encore, si c'est possible, par cette aventure bien connue à Saumur et aux environs. Nul doute à émettre sur ce point que leur élégance et leurs manières sérieuses n'aient pris là un nouvel encouragement. L'esprit toujours tendu vers un dénoûment matrimonial et doré autrement que par Ruolz, l'ambitieux voyageur cherchant la dame de ses pensées se montre affable et complaisant pour tous, femmes et vieillards. Ne négligeant aucune chance d'arriver, il vise même aux filles de son patron. Malheureusement à ce dernier espoir le sort sourit faiblement : les illusions en boutique, malgré la mâle beauté si soignée du soupirant, ne vont pas à son adresse. Chacun élève ses vœux à l'étage au-dessus. Le voyageur, pris d'amour pour la banque de France, poursuit donc sa route confiant dans le Dieu qui protége les beaux inconnus. Plus d'une fois il a cru toucher le prix de sa persévérance. En plus d'une circonstance, une belle dame, élégante et jeune autant que libre de sa personne, répondit à ses brûlantes attentions. Le voyageur était au ciel si longtemps rêvé. Un transport égal remplissait le cœur de la beauté attendrie. Mais, hélas ! au dernier moment, renseignements pris, l'édifice splendide s'écroulait. La belle dame, si riche en apparence, était bien libre de cœur, mais trop de sa personne, ô déception !

Il fallut se remettre à la poursuite de la toison d'or. Le scepticisme a détourné un temps notre ambitieux des attaches éternelles. Les amours passagères lui secouent à leur tour leurs pavots énervants. Il s'amuse maintenant de ceux qui ont conservé ses espérances perdues, de tous les hallucinés, amoureux, politiques naïfs et inventeurs absorbés.

—Cher ami, dit-il à tout propos au voyageur qui ne pense pas comme lui, oui, vous avez raison, c'est admis, convenu, tout ce que vous dites est bien, vous pensez à merveille et n'en parlons plus.

Ainsi ce pessimiste débouté déflore les visées les plus douces. Il ne voyagera plus maintenant que pour trafiquer du genre humain. De retour des croyances trompeuses qui faisaient son bon sens en l'exaltant dans son opinion, il prodigue un léger mépris à ses semblables. Le seul lucre a son estime et ses préférences exclusives, et l'honnête homme à ses yeux est l'homme qui a réussi, *per fas aut nefas.* Il vendra de tout désormais. Il est voyageur universel. Il exploitera même le romanesque, qui lui paraît si pitoyablement stupide. C'est un être pratique, positif, hâbleur, incrédule, tranchant, conquérant, et, par-dessus tout, un grand brasseur d'affaires. La contradiction lui plaît, l'excite, le remue; c'est la source intarissable où se désaltère sa langue infatigable.

Il a une belle voix qu'il exerce à des cascades infinies. Sa grande prétention, à cet égard, est de lui rendre familières les notes élevées ; aux dîners où le client couvre sa chanson, il entonne Nadaud, dédaignant Béranger passé de mode avec Gaudissart. *Pandore* et *les Deux Aveugles* lui doivent leur popularité, en grande partie, du moins. Oncques ne se vit plus gai compagnon. Mais, s'il est seul, il devient brusquement tout autre. Son sourire s'efface, sa voix se tait, sa gaieté s'éteint. Quelles impressions le dominent en ce moment? A quoi songe-t-il? Pour le savoir, il faudrait se loger dans son cerveau, car s'en informer serait ramener uniquement son sarcasme et sa négation de tout ce qui émeut délicieusement le cœur. Il ne se rend pas compte toujours lui-même, au reste, de ses abattements subits, et au premier mot d'interrogation, il réplique brusquement : Bah! des papillons noirs!—sur quoi, il se remet à des refrains :

> Nous n'avons qu'un temps à vivre,
> Amis, passons-le gaîment!

Mais la gaudriole, qui semble sa philosophie, ne le rend pas évidemment heureux. Ses projets évanouis, envolés, l'irrésolution du présent, l'incertitude de l'avenir, causent apparemment ses solitaires défaillances. Il pense à la trentaine, dont il va tantôt doubler le cap, et quelques cheveux blancs l'importunent vers les tempes.

Parlerons-nous de son appétit et de ses gentillesses douteuses près des dames? Il est des détails peu récréatifs, et on ne peut vraiment tout dire.

Disons l'intarissable faconde de son esprit accrochant toujours à propos son répertoire fragmenté à tous les angles de la conversation; il est sémillant, désopilant, inimitable dans ces moments d'expansif oubli. Mais si la tristesse vient à le saisir, même en public, quelle déchéance! Il mange dans son coin, réunissant des phrases en lambeaux, inintelligibles, s'échappant, se cachant, dérobant ses occupations comme le chien hydrophobe, avant de devenir furieux, qui enfouit ses mystères dans des cachettes écartées. Sa seule consolation c'est la table d'hôte; là, se détournant de tous, il communique avec son assiette et son verre, qui ne restent ni vides ni pleins. Sa gloutonnerie émeut le maître d'hôtel. Mais nul n'ose troubler sa réserve au commencement des repas surtout, car, farouche, morose et taciturne, il répliquerait par un regard de travers, comme le sanglier attaqué dans sa bauge. Bientôt cependant, l'estomac attirant à lui toutes les charges de l'organisme, l'esprit se dégage. La lourde humeur disparaît et la fête des mots reprend sa gamme sonore.

Quand il vogue entre les deux extrêmes, le voyageur misanthrope est dénigrant d'habitude. Ses confrères, les chefs de maison, lui-même, deviennent le sujet de ses attaques méprisantes. L'ancien artiste en mariages splendides s'est fait l'amer détracteur de ce qui vit et se meut autour du jeu commercial. Le patron qu'il représente n'est pas plus respecté que le reste. Celui qui le renvoie est un crétin pour ne pas dire plus. Mais a-t-il été renvoyé? non. A l'en croire du moins, il a pris congé lui-même de cette *boîte* infecte.

Quelquefois cependant, l'ancien touriste, restant énergique et bon, revient de sa lâche renonciation aux mœurs sociales. Ses illusions, laissées aux ronces et broussailles du chemin, ne lui reviennent plus; mais il a honte du lâche abandon où il s'était laissé aller un moment. Il secoue les pensées vénéneuses, comme un barbet secoue les puces; il rit, fait tapage et chante encore à tue-tête, mais que les oreilles délicates n'usent pas du droit de réclamer contre cet exercice laryngé.

Ne découragez pas sa réconciliation fraîche encore, car il s'est dit à part lui : Après tout, les bonnes idées sont les meilleures, et désirer le mal c'est se duper soi-même.

Il se console par la toilette. Les splendeurs du costume attirent la considération. Il le sait et les pratique. En effet, l'encens de la bêtise humaine vient fumer à l'encontre d'une grosse chevalière, de l'énorme épingle, de la chaîne à trois tours, des breloques et de l'innombrable bijouterie ornementale du voyageur qui a du *chic*. Ce goût du luxe survit à l'ancien artiste. Les femmes le prennent parfois pour un gentilhomme en tournée de plaisir. Les apparences justifieraient cette appréciation. Un vêtement bien tourné, des moustaches incommensurables rattachées à des favoris de chat fâché, y suffisent, et l'homme, ainsi paré, mais désabusé, se venge en affermissant son masque. Il jouit en lui-même, comme Méphistophélès, de la crédulité facile de cet être enfantin et charmant qui s'appelle fille d'Ève, si enclin à estimer par-dessus tout ce qui brille et chatoie au soleil. Celui qui est revenu des méprises de l'amour-propre et de l'amour met son plaisir à jouer avec l'amour et l'amour-propre des imaginations chimériques ; il aime à dresser le miroir aux alouettes et les étourdies accourent à tire d'ailes se mêler aux rayons trompeurs des fulgurants appareils. La confiante illusion d'un cœur jeune, s'ouvrant à la première brise vivifiante qui lui souffle amoureusement ses enivrantes senteurs, réjouit son scepticisme au lieu de l'attrister et il se console, comme l'ami de Faust, des souffrances qu'il a essuyées par celles qu'il fait éprouver. Sexe séduisant, dit-il, tes ongles roses sont d'innocentes griffes et ton joli visage cache le sourire du démon. Que ne te bornes-tu à créer et à nourrir l'enfant ! Mais tu formes l'âme de l'homme, malheureusement, et tu le mènes aux embûches que ta fragile vanité lui prépare. Tu n'es pas un ange ; tu es l'auxiliaire de Satan.

Cependant le voyageur touriste, pour la forme, désillusionné, gentilhomme, le voyageur *qui a du chic*, séduit exceptionnellement les coquettes fortes en logique et en calcul arithmétique, car les contraires seuls s'attirent et les semblables se repoussent. Mais la majorité insouciante, pauvres créatures déclassées et souffrantes, ouvrières et institutrices succombant à leur tâche, avides de

compassion et de tendresse, Anglaises sentimentales abandonnées sur le continent, se
font ses victimes bénévoles. Leurs penchants
sont les complices de ses desseins impies, et
il jette au vent le trésor précieux que le di-
vin dispensateur a mis en dépôt en nous
pour acquérir les nobles acquisitions du bon
et du vrai, de l'amour, en un mot. Le sombre tentateur n'a jamais reculé devant un
scrupule, et bien des fois il a voulu violenter
la fortune honnête. Heureusement ses efforts
vigoureux ont été souvent déjoués par la
candeur adroite en sa simplicité même. Il
avait pourtant les moyens et la force expéri-
mentée.

C'est lui qui le premier fit insérer dans les
journaux l'amorce suivante, maintes fois re-
nouvelée depuis : « Un jeune homme de trente
ans, d'éducation, de famille et de mœurs re-
commandables, désirerait épouser une jeune
fille ou une dame veuve. Il ne tiendrait pas
essentiellement à la fortune, les qualités du
cœur lui paraissant suffire seules au bonheur.
Réponse poste restante, à M. Y. Z. » (Affran-
chir.)

Vingt-trois réponses arrivèrent en deux
jours, l'an dernier, à l'adresse indiquée. Les

deux voyageurs qu'elles avaient provoqués firent visite tour à tour à ces crédules postulantes, et, nous avons honte de le dire, ils se choisirent parmi les plus jolies quelques épouses morganatiques.

A quelle corruption, on le voit, conduit l'anarchie des mœurs et des sentiments chez les hommes, que le frein salutaire de la famille ne contraignit pas au respect et au désintéressement ! La satisfaction de l'heure présente, voilà leur seule règle, leur unique mobile. Ils ne savent pas, les insensés, que la morale observée est la jouissance réelle permise aux espérances humaines.

IX

LE VOYAGEUR A CHEVRONS

S'il est vrai, comme la sagesse universelle le prétend et le crie dans toutes les langues parlées, que les voyages forment l'esprit et le cœur de la jeunesse, il n'est pas moins certain qu'ils déforment l'esprit et vident le cœur des vieillards. Une continuelle variété d'images et de sensations, utile dès les premiers pas de la vie à l'éducation du cerveau, arrête plus tard à coup sûr le recueillement et la réflexion. On dirait que le jugement est saturé et noyé chez l'homme qui a passé l'heure de l'école, et qui poursuit une profession propre aux plus jeunes seulement.

Ses yeux regardent sans voir le spectacle mis cent fois devant eux. La curiosité s'est blasée en lui. Ses facultés intellectuelles se sont émoussées par l'exercice même, ou pour parler plus exactement, leur activité, sans cesse surexcitée, arrive à l'épuisement fonctionnel, et la paralysie intellectuelle atteint les sources de la curiosité, cette cause première de l'inspiration artistique naturelle à la jeunesse et remise en don aux enfants par une Providence maternelle qui se connaît en outils d'information.

De l'insensibilité cérébrale à la sèche incrédulité il n'y a pas de transition perceptible. D'où proviennent cependant chez le voyageur à chevrons la pratique inconséquente du *Nil mirari* d'Horace (Ne s'étonner de rien) et la superstition enfantine des sociétés trop mûries, amies du merveilleux? Mettez donc cet homme si singulièrement amalgamé en présence du Parthénon ; parlez lui du télégraphe sympathique, opérant par relais d'escargots, c'est à peine s'il s'étonnera! Rien n'est nouveauté pour lui, et son scepticisme ankilosé niera le progrès seul. Hors de là tout est impossible, mais tout, à son avis, remonte à la plus haute antiquité. Il a vu, depuis sa première tournée, tant de choses étonnantes ! Ils ne s'exclame pas plus si on lui démontre qu'il a sérieusement accepté un mensonge mystificateur, car où serait l'impossibilité que le mensonge fût une vérité !

— Le possible n'a pas de frontières, observe-t-il sentencieusement sans s'émouvoir, car sa longue pratique lui a laissé un véritable aplomb bien à l'épreuve des surprises.

Il n'est attaché fermement à aucune opinion et le vrai et le faux, parfois le juste et l'injuste, se partagent ses facultés pensantes. Les réalités acceptées par lui jadis ont reçu de tels démentis de l'expérience que le doute et l'indifférence lui paraissent là sagesse constituée. Il ressemble à un homme harassé, assis et près de dormir. Avant de l'ensevelir tout à fait, la vie en a fait un Montaigne doctrinal, moins l'érudition raisonnée. Sa philosophie est un pyrrhonisme naïf, d'instinct, l'épave de ses croyances naufragées.

Ses opinions, nulles sur toutes choses, n'excluent pas en lui néanmoins toute affirmation systématique. Quel être ayant pensé dans sa jeunesse pourrait vivre sans attache chimérique ? Au-dessus de son stoïcisme imperturbable surnage en effet une théorie quelconque, médicale ou religieuse, à son usage. Un de ces barbons disait sérieusement que le chien était un homme perfectionné, et à cet endroit sa conviction résistait aux sarcasmes les mieux aiguisés. Un autre, aussi entêté, faisait de Raspail son prophète et imputait aux lombries la cause positive de nos maux. Un troisième, fort discoureur, s'applique à établir en toute occasion la certitude, évidente pour lui, de la phrénologie, cette négation du libre arbitre humain, doctrine dont il étaye son sentiment répulsif à l'endroit du code pénal et de son application aux coupables. Il professe avec l'autorité de l'âge et l'orgueil d'un vétéran qui a tout mis au creuset. N'est-il pas, pour ses nombreux jeunes confrères, le juge compétent, façonné, versé, initié et éprouvé au feu de l'expérience? Nul mieux que lui, au yeux de son auditoire ignorant, ne saurait se prononcer sur toutes choses. Pendant sa longue carrière, il s'est frotté à tant de professions qu'il a retenu et jette à tort et à travers les termes techniques, mal compris, mais acceptés de confiance comme paroles d'Évangile par les gobe-mouches des tables d'hôte. Dominant du haut de la chaire les

débutants attentifs, rangés en rang, bouche
béante, il leur décrit avec autorité, en navi-
gateur qui a fait dix fois le tour du monde
commercial, les récifs marqués sur la carte
de la clientèle. Le respect accueille ses en-
seignements, si l'intelligence ne les comprend
pas toujours. Le silence n'est-il pas la poli-
tesse de l'auditeur?

Ainsi se transmet la tradition. Malheureusement pour l'autorité de ses leçons, le vétéran, contemporain de l'illustre Gaudissart,
a des allures, des formes de langage et certains aphorismes contrastant trop avec les
idées acquises au temps actuel. Ses préjugés
politiques, par exemple, sa haine des Anglais,
débris d'engins meurtriers (qui devraient
être rentrés à l'arsenal des nécessités dispa-
rues), sa vieille et immuable chanson,

Si l'étranger envahissait la France!

enlèvent à son éloquence le pouvoir de convaincre ses disciples. Que ne reste-t-il dans le
cercle restreint des affaires où il est passé
maître! Les jeunes gens ne lui tourneraient
pas le dos en riant, et il n'aurait jamais été
injurieusement qualifié de vieille loque. Aussi
disparaît-il découragé, de jour en jour, ce
type honnête et puéril du voyageur patrio-

tique plus que négociant. On le rencontre à peine aujourd'hui tel que les mœurs l'ont fait. Les impertinents l'ont rendu timide. Il n'ose plus questionner, ce loquace orateur, et quand il répond, ce n'est qu'après avoir jeté un regard défiant sur son interlocuteur. Il consent encore à professer, mais en se gardant des allusions politiques, car il se sent faible et battu d'avance par cette jeunesse vaillante et généreuse.

On doit l'encenser, l'exalter, l'enivrer pour lui inspirer confiance et lui faire oublier sa retenue. Mais alors son âme fait explosion. Il s'indigne, accuse de lâcheté le temps présent, louange le temps passé, et ouvre à deux battants le sanctuaire de ses opinions bornées, mais sincères. Et s'il s'épand au réveil, il se console de son expansion imprudente, en disant : — Après tout, je leur ai dit leur fait, à ces enfants de la balle.

Les enfants de la balle, à tous les points de vue, ont eu tort de rire à ces cheveux blancs. L'intérêt des maisons qu'ils représentent peut en souffrir, mais il y a plus ; sans doute, le voyageur à chevrons n'a pas l'étendue, le coup d'œil rapide, toutes les qualités neuves de ces aiglons élevés en cage et nourris à la becquée économique moderne. Il a même quelques idées corrosives à l'endroit du respect dû au sexe faible et enchanteur, et la génération, jeune en 1860, aurait grand besoin d'être elle-même sermonnée à ce sujet. Mais l'horizon intellectuel est-il donc jamais assez étendu que le récit du passé soit inutile à l'avenir ? Jeunesse présomptueuse, où sont tes titres pour te croire prête et supérieure à tout ? Le fumier d'Ennius ne peut-il contenir une perle, et les indignations d'un homme, croyant encore à quelque chose, des leçons profitables à qui doute de tout ? Que n'as-tu, ô génération inconsidérée, la science infuse que tu te supposes ! Tu devinerais, dans ta dérision d'un passé naïf, le mépris, plus dégradant que ta dérision, et tu l'éviterais par ta vénération, ce mépris qui attend ta confiance privée de toute foi, ridicule ou sensée.

Le voyageur à chevrons n'a donc pas, on le voit, un scepticisme bien complet. Si ses illusions ont été mises à néant en grande partie, il en a conservé d'immuables, et le dissolvant de celles qui ont disparu a son principe dans le seul spectacle du siècle et dans l'expérience, mère du doute. Son entourage, changeant et sans consistance, a la plus grande part à cette ruine presque complète, et si le bonhomme communique encore un reste d'opinion, il le cache comme une vertu dangereuse. Il est martyr au même titre que les chrétiens persécutés, car sa religion le fait ennemi du dieu Moloch et de ses sectateurs.

Comment le voyageur à chevrons n'a-t-il pas vaincu son siècle sans croyances, lui qui a la force de la conviction ? La foi ne soulève donc plus les montagnes ? Hélas ! un ne peut prévaloir contre mille. Les dieux favorisent les vainqueurs. Caton meurt avec la bonne cause abattue.

La description que nous venons de faire du voyageur à chevrons ne serait pas complète si nous passions sous silence certaines autres particularités. Parfois père de fils barbus, dont il redoute le contrôle, époux tiède, quelquefois mauvais, indigne protecteur de ses filles sans dot et majeures, qu'il maltraite, il déteste la vie de famille et ses joies intimes. La dissipation, le tapage, la société des débutants à instruire lui sont un besoin. Il sera toujours jeune, malgré la neige de sa tête. Détournons nos yeux de ce type heureusement rare. Il est le plus triste, le plus laid aspect de la corporation. La vieillesse qui se souille est hideuse à voir et nous jetterons sur ses nudités le manteau qui déroba l'ivresse de Noé.

Les voyageurs à chevrons sont dans une infime minorité. Ceux qui désertent la dignité se comptent : dix sur dix mille à peine. Les autres, contraints à un travail forcé, penchés sur le sillon pénible, regardent en arrière pour se repentir de leur imprévoyance. Notre attentive et affectueuse commisération accompagne leurs séniles fatigues.

X

LE VOYAGEUR ARROGANT

Celui-là est, comme partout, l'homme brusquement et inopinément monté de bas en haut et peu habitué encore à sa fortune subite. Le destin l'a aveuglé, et ce qui n'a été que l'œuvre de circonstances fortuites lui semble la création sublime de son mérite personnel. Le sort frappera cet orgueilleux ingrat qui restera à la place dont il est si fier. Or, qui n'avance pas recule. C'est là le commencement de la punition qui sera complétée par la faute du coupable tombant du côté où il penche.

L'arrogant, paré comme une châsse, trône à table d'hôte principalement. Il prend le siége du milieu et met les coudes sur la table, les mains croisées sous le menton, affectant des dédains superbes pour tout ce qui l'environne, cuisine délicate, attentions empressées du voisin et des garçons, et parlant haut comme au milieu du champ labouré par son père, métayer bien souvent. Ce délicat aurait-il, sous le toit qui le vit naître, une suffisante réfection de pommes de terre? Un excursionniste qui visita son village a répondu négativement. Eh bien! il n'est pas de plat, de politesses élémentaires agréés par l'arrogant. Son ton, ses manières déplaisent au premier abord. Il affecte l'air écrasé des grandeurs incommensurables. Tout lui est importun, mais lui-même avant tout.

Il donne immédiatement, au reste, le fond de son personnage, et s'il impose à quelques confrères bénévoles, nés, comme lui peut-être, d'artisans et de valets, leur déception ne tarde guère. Mais il inspire dès l'abord aux âmes hautes et fières d'indépendance une pitié voisine du mépris, et l'indifférence générale passe à côté de ses prétentions à la souveraineté.

—Quel est ce beau monsieur? demandait un débutant, désignant ainsi un de ces matamores de l'amour-propre boursouflé.

—Ça! fit un ancien avec mépris. Ça! un monsieur! Allons donc! C'est un cadet surpris encore de manger du pain blanc.

Le mot est brutal, mais profond et plein· d'observation sagace. Peu de voyageurs arrogants, en effet, ont reçu une éducation bourgeoise. L'école mutuelle, la plupart du temps, quand ils n'ont pas été les élèves des frères ignorantissimes, leur inocula sa mince instruction. Un père ambitieux a fait le reste pour leur fortune. A quatorze ans le futur voyageur, lesté de sa légère provision intellectuelle, bornée aux quatre règles de l'arithmétique et ornementée par une orthographe libre de toute entrave à l'endroit des participes, compte au nombre des commis d'un magasin quelconque. Sa complaisance obséquieuse, son assiduité du lever au coucher du soleil, ne tardent pas à lui mériter l'attention du patron et une subvention mensuelle s'élevant de quinze à quarante francs, car il ne se décourage pas, chaque succès est un triomphe et il met au défi les jaloux de le trouver en retard ou en faute. Déjà il prélude à l'orgueil, non à l'égard de l'autorité dont il reçoit les grâces, mais avec ses parents et les clercs d'avoués, ses camarades. Les avoués sont aussi dépourvus de générosité que de sensible désintéressement; aussi leurs clercs émigrent-ils vers le commerce plus fructueux, et le saute-ruisseau ne peut tarder à manquer, ce qui forcera les procureurs à combattre la concurrence par ses propres armes. Juste revanche des basochiens! Nous entendons ne parler que des avoués de province.

Les émoluments du commis déjà arrogant s'élèvent donc avec son dédain. Un tailleur, que séduisent ses airs tranchants et absolus, lui ouvre enfin un notable crédit. Il est maintenant malaisé de reconnaître, sous cette enveloppe élégante, l'ancien gamin du faubourg le plus reculé de la ville. Le fashionnable porte un stick et un lorgnon, mais il ne rentre chez ses parents qu'à la nuit close, suivant le côté sombre des maisons, la tête et le visage se dérobant sous une casquette profonde et sous un cache-nez formidable, si la saison le permet. Déjà il a honte d'être le fils du pauvre manouvrier, et s'il rencontrait une pension à meilleur marché, on ne le ver-

rait plus bientôt à la table où il apprit à porter le pain à sa bouche. En attendant, l'économie le fait patienter, et sa vanité se voile.
Sans doute, il est sa seule dupe. Mais son
aveuglement ne lui persuade pas moins qu'on
le prend durant le jour pour un fils de maison.

Il est enfin voyageur. Gare aux éclaboussures! Il se complaît à se sentir vivre, marche en cadence, et s'il s'arrête, c'est pour
chanter comme Zampa sur sa roche :

Il faut céder à mes lois
Et comment s'en défendre !

Ces deux vers sont sa profession de foi, son
portrait et sa chanson favorite. Naturellement il se croit né pour jouer un rôle et
prendre en main l'empire du monde. En attendant, sa pensée le porte dans l'empyrée,
et le sol foulé par son talon lui paraît un
piédestal. En diligence, où l'imbécillité des
hommes le force à se loger, il joue aisément
au grand seigneur. Il est si facile d'occuper
les premières places ! C'est une question d'argent, il est vrai, et son avarice en souffre;
mais il économisera sur son estomac et dira

qu'il a dîné chez des comtesses. Sa vanité et sa bourse se trouveront bien ainsi de faire un repas unique par jour.

Les grands airs lui semblent le signe distinctif d'une haute naissance. Tout personnage parlant haut, tutoyant les subalternes, ne peut manquer, à ses yeux, d'appartenir à l'aristocratie nobiliaire ou de la banque. Il ne lui est pas difficile de se grandir ainsi au point de se faire illusion à lui-même, et si bien illusion qu'il se croit millionnaire et gentilhomme, quand il ne pense pas, ce qui n'est pas dans ses attributions orgueilleuses. D'ailleurs le plaisir des sots ne consiste-t-il pas principalement à se mentir ? L'arrogant s'imagine être en réalité ce qu'il désire. Tout, hors de lui, est vide de sens, et c'est en vérité le contraire qu'il devrait considérer. Il a dû inventer la démocratique question : Au temps qu'Adam bêchait et qu'Ève filait, où était le gentilhomme ?

Il a exclusivement des succès passagers auprès des vains importants qui lui ressemblent. Les imbéciles et les femmes prétentieuses en quête d'établissement se laissent aussi aller à croire de bon aloi le seigneur de belle mine qui s'exhausse en leur présence.

On échange le beau langage ; on s'agace, on fait miroiter ses avantages physiques et moraux ; les parents illustres, les connaissances considérables , sont mis sur le tapis. Puis vient le tour des œillades assassines. L'estime chauffe la considération réciproque. La belle tenue, si bien observée, abandonne bien un peu de sa morgue au moment de se quitter ; mais la séduction réfléchie de part et d'autre, et le bonheur qu'on se donne en expectative, troublent un peu le cérémonial. Puis deux futurs époux ne peuvent-ils se permettre une violation aux lois de l'étiquette ? A revoir !... On se retrouve, en effet... On s'explique, et quelle chute !

Le masque tombe.... ....et le héros s'évanouit.

Nous connaissons bon nombre d'histoires pleines de mystifications de ce genre. Malheureusement on ne peut tout raconter. Racontons pourtant la dernière aventure parvenue jusqu'à nous. Il ne s'agit pas cette fois d'une fausse grande dame et d'un grand seigneur frelaté, mais de deux voyageurs impertinents à égal degré.

Ils faisaient route tous les deux dans le coupé du courrier de Montauban par une nuit

obscure. Vers onze heures environ, Gravessiès, représentant pour fleurs, rubans et modes,
était monté à Catus, à quelques kilomètres de
Cahors. Un cigare brûlait dans le coin n° 1.

Gravessiès toussa.

—Mille pardons, Monsieur, dit-il à l'invisible; s'il vous plaisait d'éteindre...

Nouvelle toux, et l'impressionnable voyageur aperçut le cigare voler par la portière.

—Une grave maladie me contraint à réclamer cette complaisance.

—Je suis trop heureux, Monsieur, répliqua
une voix grassouillette, de vous obliger de
cela. Nous suivons, je le vois, un régime opposé. Mon médecin m'ordonne les Pyrénées
et le tabac, pour maigrir, tandis que...

— Le mien me défend tout écart de régime... les émotions me sont très-contraires
aussi. Je n'ai pu cependant aujourd'hui éviter
une vive contrariété, à qui je dois cependant
le dédommagement de faire votre connaissance.

—Votre chaise brisée peut-être! s'écria
l'invisible.

— Voyez la rencontre! Hier le même
ennui m'est survenu près de Brives, et j'ai
dû laisser ma voiture à l'auberge... En vérité,

ces routes sont bien mal entretenues aujourd'hui.

—Ne m'en parlez pas! c'est ce que je disais à mon intendant que j'ai commis à la garde avec mon valet de chambre, à Fraissinet, où nous avons versé...

La conversation devint bientôt si intéressante que le malade en oublia sa toux, mais l'autre n'y pensa guère et même fut sur le point de rallumer un cigare, ce dont il s'aperçut à temps.

On parla politique. Naturellement les deux interlocuteurs appartenaient l'un et l'autre au pur légitimisme. Quelle rencontre! quelle sympathie! et avec quel dédain aussi on traita le temps de saturnale et les bourgeois orléanistes de croquants, de courtauts de boutique! La société ébranlée, suivant ces nobles voltigeurs, ne reprendrait définitivement son assiette qu'à la condition de revenir aux principes vrais et constitutifs de tout ordre honnête et régulier, ceux du grand roi. Ils convinrent même sans difficulté, tant leurs opinions se confondaient, qu'il n'y avait de repos possible qu'à la condition de remonter jusqu'à la féodalité, c'est-à-dire de rendre à la noblesse les droits seigneuriaux, coutumiers et autres de haute et basse justice.

Jamais, en un mot, les sentiments de deux hommes ne furent plus conformes sur les points admis par ceux qui se disent les honnêtes gens. Les circonstances même semblaient compléter cet accord parfait d'opinions et de pensées.

C'était une cascade de vantardises capables de récréer le plus mélancolique.

Tous les deux, enchérissant sur leurs mutuelles inventions, se sentaient bénévolement impressionnés par l'estime qu'ils se témoignaient, et chacun était bien loin de repousser la réflexion que les louanges qu'il recevait n'étaient pas sincères. La vanité se joue de ces tours.

Les hyperboles les plus merveilleuses du monde se croisaient à qui mieux mieux. Ils allaient peut-être l'un et l'autre demeurer à court de superlatifs, lorsqu'en avant de Montauban, vers six heures, le jour éclaira brusquement le coupé et permit aux deux voyageurs de se reconnaître.

—Gravessiès ! s'exclama le fumeur en riant avec cet entrain familier à la gent obèse.

—Vertoly ! fit l'autre qui ne se fit pas faute de l'imiter.

—Adieu, Crésus! Passe-moi ton porte-ci-
gare...

—Volontiers, milord de la Mélasse; je te
le dois puisque tu as été si complaisant pour
ma toux.

— Veux-tu du sucre d'orge? c'est souve-
rain, mon prince de fantaisie.

Le pavé retentissant mit fin à une suite de
plaisanteries qui ne manquaient pas d'amertume. Les premières maisons du chef-lieu du
Tarn-et-Garonne montraient leurs façades
briquetées. Les deux dupes se jetèrent vers la
même portière.

— Tu es bien pressé de mettre pied à terre,
dit Gravessiès soupçonneux.

Vertoly le regarda.

— Mais, toi-même! répliqua-t-il sérieusement.

Le même motif les embarrassait l'un et
l'autre. Vertoly, né à Montauban, d'un
porte-faix et d'une marchande de gâteaux de
rebut, avait honte de son origine. Pour Gravessiès, il devait le jour à un ouvrier cordier
nouvellement établi au même lieu.

Les deux confrères faisant à part leurs réserves, allèrent innocemment se loger à l'hôtel Delmas.

Mais par hasard leurs parents demeuraient face à face, dans le plus pauvre quartier de la ville. Vers neuf heures du soir, ils allèrent, comme ils étaient bons fils malgré leurs travers, verser leurs petites économies dans la main qui leur prodigua le fouet en maintes circonstances inutiles à rappeler. La mère Vertoly accompagnait son *drôle* en l'accablant de caresses. Gravessiès, au même moment, sensible comme les êtres gras, pleurait sur l'épaule paternelle. C'est alors qu'ils se rencontrèrent. Leur stupéfaction bien que brutale ne fut pas longue.

— Au diable les belles manières hypocrites ! crièrent-ils en chœur tout entiers à l'épanchement.

Gravessiès obéit dès cette soirée à sa nature, sans affectation, il abandonna toute gloriole et redevint ce qu'il était, simple et ouvert ; Vertoly eut bien encore quelque retour vers les ambitieuses visées, mais par éclair seulement, et lorsqu'il n'y pensait pas.

Tous les arrogants ne sont pas incorrigibles, loin de là. Le temps et les leçons de l'expérience en font le plus souvent justice. Certains moyens coercitifs sont rarement nécessaires pour en faire prompte justice ; quelques arro-

gants, qui se plaisent aux comédies, ne revien-
draient pas seuls cependant au sentiment de
leur situation réelle. En attendant que des
rencontres violentes réduisent leur amour-
propre en poussière, ils continuent à parler
haut et fièrement à tous. Vient tôt ou tard un
arrogant plus fort en arguments variés, et ils
deviennent humbles, bons enfants, et à leur
tour brûlent dans une belle indignation ce
qu'ils avaient honoré. Le temps porte avec lui
la démonstration de notre impuissance et de
l'inanité de notre orgueil ; l'heure de la rési-
piscence a sonné et la véritable conscience
de notre valeur nous reprend. Les confrères
se chargent, à défaut de l'expérience, de rendre
l'arrogant à la sincérité et au respect envers
les autres. Leur indifférence y suffirait quelquefois, si le sarcasme n'y réussissait.

L'anecdote bien connue qui terminera ce
chapitre, rappellera une leçon donnée preste-
ment en pareil cas.

Un arrogant d'une variété particulière, celle
des savants qui savent tout et veulent imposer
leurs fictions comme des vérités incontesta-
bles, appuyait fermement une fable repoussée
unanimement.

— Oui, messieurs, disait-il, j'ai vu en Bohême, vu de mes propres yeux, vu une marmite grosse comme une maison.

Comme on se récriait au sérieux impertinent du narrateur qui avait été plaisamment accueilli d'abord, ce qui l'avait irrité, un gros garçon à mine rubiconde dit dolemment :

—Ne criez pas à l'impossible, messieurs.

Et adressant la parole au menteur :

— Nest-ce point à Prague que vous avez vu cette grande marmite? demanda-t-il.

L'interpellé fit un signe affirmatif, ne sachant pas bien si la question cachait un piége ou une sincère information.

— Eh bien ! Vous avez mal vu. La marmite dont j'ai admiré moi-même la prodigieuse capacité et auprès de laquelle celle des Invalides est un pot à beurre, a réellement la taille d'une église.

Tout le monde se mit à rire.

Le facétieux poursuivit ainsi :

—Vous avez pris le chou colossal qu'on y fait cuire tous les jours pour la marmite elle-même. C'est le point véritable de votre erreur, insignifiant d'ailleurs.

L'arrogant jura *in petto*, en baissant la tête, qu'il n'entreprendrait plus de persuader l'impossible. L'éloquence de Bossuet suffirait à peine à l'invraisemblance.

Il y a d'autres modes de correction pour les arrogants. Mais comme ils sont violents et exceptionnels, par conséquent, nous nous en tiendrons aux généralités précédemment décrites.

XI

LE VOYAGEUR ACCOMPLI

Après l'imperfection, nous touchons enfin à la partie agréable de notre tâche, au type achevé de la galerie, au voyageur accompli, en un mot.

Les voyages, comme nous l'avons sommairement indiqué dès les premières lignes de ce livre, sont l'école par excellence pour des organisations d'élite. Le jugement s'y forme, l'esprit y mûrit et acquiert, en voyageant, la science et l'observation. Avec l'expérience rapide, l'homme grandit et s'élève à la connaissance exacte des obstacles et des moyens d'en avoir raison. Aussi n'est-il pas un voya-

geur émérite qui d'un coup d'œil ne découvre,
à la première lecture d'une lettre, à l'arran-
gement des mots, à la physionomie de l'é-
criture, la pensée réelle d'un correspondant
matois. Le caractère, les habitudes, le crédit
et les manières d'opérer du client lui sont familières : et c'est à ces lueurs qu'il doit de
véritables lueurs de génie. Rompu aux embûches, il perce à jour la bonne foi qui lou-
voie, et, sans hésiter, il montre du doigt le
côté louche où le procès menaçant donne
une prise certaine. Aussi son avis est-il pris
dans toute opération embarrassée, et de
l'arrêt qu'il porte dépend l'issue d'un litige.
Les difficultés soulevées se terminent amia-
blement d'ordinaire, suivant son conseil et
en vue d'affaires à venir, mais si les relations
ne présentent aucune sûreté praticable, si la
concession serait faiblesse, l'assignation devant le tribunal consulaire compétent est
lancée sans regret.

Quelles qualités constituent encore le voyageur accompli ? Le patron a ses exigences, le
commettant soulève les siennes, et le plus
souvent les unes sont en opposition avec les
autres. Le voyageur doit forcément chercher
ses satisfactions morales dans le sentiment du

devoir rempli, car, quant à combler les vœux du client ou du patron à la fois, cela lui est impossible comme l'espérance de ne pas mourir un jour.

On ne peut contenter tout le monde et son père,

a dit ingénieusement un penseur. Le voyageur de commerce ne peut avoir l'ambition plus haute que le commerce des hommes, et pourvu qu'il nage sans trop d'encombre entre les deux écueils où le destin l'a naufragé, il a quelque motif de se juger béni du ciel.

Mais il ne doit pas, selon nous, se sauver seulement. Son devoir tendra sans cesse, s'il veut prendre notre avis, à prétendre davantage qu'à gagner simplement le *bout de l'année*. Ses appointements, les avantages divers de la profession, ne suffiront pas à couvrir à ses yeux les déboires qui l'accompagnent, il lui faut plus et mieux : il lui faut le dévouement aux intérêts entre lesquels les circonstances le placent ; qu'il maintienne les conditions et le tarif du patron, c'est la loi et les prophètes ; mais qu'il veille aussi à la bonne exécution des ordres remis par le commettant. C'est là sa fonction, sa magistrature, à ce notaire juge et entremetteur de deux parties opposées.

Et qu'on ne croie pas que nous nous plaisons à créer une impossibilité. Nous connaissons des voyageurs, peu nombreux il est vrai, qui sont persuadés que le cœur humain n'a de contentement que dans l'oubli de soi-même et l'observation du devoir strict et pénible. Pourquoi ce modèle type n'est-il pas plus commun? C'est qu'il est plus facile de laisser couler l'eau, de vivre gaiement sans s'embarrasser beaucoup du patron et du prochain, faisant juste ce qui est bien pour ne pas être *mis à pied;* il n'en est pas moins certain que le bonheur vrai existe ailleurs et s'acquiert autrement. La fatigue de la route ne se sent pas quand un noble mobile ravit l'âme et l'élève aux ivresses désintéressées. On dort bien quand la journée bien remplie a été sans reproche, quand vous avez sérieusement consacré vos heures et employé consciencieusement l'argent que la confiance du patron a destiné à des dépenses désignées d'avance.

Les satisfactions, les seules réelles, les seules sans mélange et sans amertume, viennent de l'âme. Mais combien peu vivent comme si l'âme existait pour eux ! Nous supposons à bon droit que le voyageur accompli écoute religieusement son âme puisque sa conscience le guide toujours Les matérialistes cherchent ailleurs le contentement d'eux-mêmes. Ils ne le trouvent jamais, puisqu'ils le demandent ailleurs qu'où il est. Aussi, voyez leur caractère fantasque, inégal et changeant. Tout ce qui les entoure et les fréquente en ressent les atteintes désagréables. Ce sont de pauvres esprits qui voguent inquiets et sans boussole sur l'océan où le sort les a jetés.

L'œuvre du voyageur, comprise comme nous l'indiquons, a inévitablement ses difficultés. La privation continuelle, l'isolement et l'ironie où vous laisse la noble résolution du sacrifice de vous-même, rendent la tâche laborieuse et pénible. Mais en acceptant son métier s'est-on engagé à n'en remplir que les parties agréables ? Que les voyageurs qui nous contrediraient veuillent bien s'interroger et descendre dans leur souvenir, et ils reconnaîtront qu'ils n'ont jamais été satisfaits qu'à la fin des jours consacrés à leurs devoirs. Pourquoi ces jours ont-ils eu tant de lendemains inutiles et pesants, où le café et les plaisirs oisifs ont maintes fois occupé des longues heures !

Avec un peu de courage et de résolution, on peut éviter les entraînements du compagnonage, il ne s'agirait que de vouloir fortement après réflexion raisonnée. L'habitude d'avoir le cœur à l'aise ne ferait plus comprendre bientôt d'autres plaisirs que ceux indiqués par la conscience.

Un de nos amis, longtemps *jeune* et irréfléchi, et conséquemment adonné aux légèretés, trouvait un dégoût invincible au métier qu'il n'exerçait que contraint et forcé et les jours seulement où il était nécessaire d'adresser un courrier à sa maison. Or le courrier ne part ordinairement pour le voyageur de commerce que le dimanche, c'est-à-dire de huit jours en huit jours ; usage hypocrite qui veut faire croire que ne pouvant voir la clientèle les jours fériés, on profite de ce loisir pour achever la semaine par un travail complémentaire.

Notre ami s'ennuyait fort cependant des rires, des fades calembours toujours les mêmes et des parties de piquet, et il se fît une réputation de remarquable bâilleur.

Nul ne bâille avec la grâce de Gobert, disait-on au café.

Il arriva à Gobert de partir par erreur quinze jours avant l'époque ordinaire. L'erreur au reste n'était pas de lui, mais de son patron, cupide autant que malavisé, qui crut ainsi jouer un tour à la concurrence. Gobert qui s'ennuyait ne jugea pas devoir protester, et il se mit en route au risque de faire une tournée *en blanc*.

A Lyon, quelques rares collègues inconnus ne suffisant pas pour le distraire, il bâilla plus remarquablement que jamais. Le désœuvrement le poussa vers la clientèle et il prit quelques ordres. Le soir de cette journée bien occupée, ne rencontrant pas après dîner un compagnon de gaieté, le maître d'hôtel ayant mal aux dents, renvoyé du chef-cuisinier au garçon de salle dont les amours étaient cruelles, il sollicita près d'une chambrière les faveurs d'un tête-à-tête (Gobert ne se piquait pas plus de continence que tout autre); mais repoussé encore de ce côté, il se rendit au café voisin, y erra une heure comme une âme en peine, fit un tour de promenade et rentra pour se coucher, las de sa solitude et de lui-même.

— Quelle existence fade ! se disait-il.

Il se souvint tout à coup qu'il avait à faire son courrier, et, tout en écrivant, les chiffres et les quantités l'émurent. Il trouva de la grandeur dans sa victoire du jour, et la réflexion se mêlant à l'amour-propre, il pensa comme suit :

— Après tout je ne suis pas voyageur pour mon plaisir. Faisons notre métier; ce sera peut-être amusant.

Or, il était homme de résolution et de sang-froid. Ce qu'il avait décidé s'exécutait jusqu'à la démonstration qu'il suivait une mauvaise voie. Le succès encouragea sa persévérance, et il se maintint au niveau de sa nouvelle transformation. Ce qui avait été un but de distraction devint par habitude un devoir de conscience et un délassement.

— J'étais bien sot, se dit-il aujourd'hui, de chercher loin un plaisir que j'avais à ma portée.

Son exemple a fait des prosélytes, au nombre desquels nous avons l'honneur et la joie de nous compter.

— Ne venez-vous pas prendre une demi-tasse au café? lui demandait récemment un confrère non converti aux saines influences.

— Non, répondit-il, ce sera pour ce soir, quand j'aurai le temps. Le plaisir avant les affaires n'est pas un plaisir.

Cet axiome nous fit réfléchir et nous sortîmes avec lui. Il nous fit généreusement part alors de ses théories pratiques, et en acheva la démonstation positive par les considérations ci-après :

— Je ne connais pas l'ennui depuis que je ne suis plus désœuvré. De plus les affaires ne vont jamais mal ainsi, et j'ai toujours eu surcroît de temps de penser à moi et pour moi, quand les occupations du jour m'ont soulagé du poids de moi-même. Il en était différemment autrefois. Livré exclusivement à mes compagnons et à des distractions vides et coûteuses, les heures m'écrasaient. Un reproche lourd comme un remords tourmentait sans cesse mon esprit flottant et nébuleux. J'accusais le sort qui ne m'avait pas fait riche et je continuais à m'importuner faute de m'interroger sérieusement. L'oisiveté était la source de tout mon mal, que la fortune ne guérirait pas, et je trouvai le remède par hasard le jour où je me vouai au travail continu. Un oiseau n'est pas plus léger ni plus heureux que moi depuis que j'ai pris la

résolution de donner mon temps à mon métier. Mes fatigues ne sont rien ; je ne les sens
plus. Mon patron a doublé de lui-même mes
appointements et je serai intéressé avant six
mois dans ses affaires. Tous mes clients sont
mes amis, car j'ai soin de ne pas leur pro-
mettre l'impossible. Mon assiduité leur prouve
le désir sérieux de les satisfaire, et je con-
quiers leur estime en leur faisant voir le fort
et le faible des choses offertes. Enfin je suis
content, sans arrière-pensée ni souci. N'en
doutez donc pas, seul le travail a fait ce miracle qu'un homme n'est ni las, ni envieux,
ni rassasié. Voilà ma recette. Elle est simple,
bonne et pas difficile d'exécution. Usez-en,
croyez-moi, et vous vous en trouverez bien.

Ce qu'il ne disait pas, nous l'ajouterons.
Ses manières se sont adoucies avec ses mœurs.
Il a quitté cette intrépidité de ton douteux répandu sur les traits et la personne des voyageurs de commerce en général. Ses allures
sont pleines d'abandon, pleines de confiance
aussi, et réservées dans leur assurance de bon
aloi. Si son humeur a perdu de son bruyant
éclat, sa gaieté a pris de la distinction, ne
gardant rien de son ancienne inconstance ba-
rométrique. Elle est solide, ferme et s'ali-

menterait aux jeux d'un enfant. Gobert, qui cherchait sa récompense et la distraction dans l'accomplissement de ses devoirs, les a rencontrées en outre dans l'estime générale, et tout récemment il a succédé à son patron devenu son beau-père, quoique fort enclin au lucre. La maison Henri Lignier et gendre, une des principales du quartier des Bourdonnais, pourrait à la rigueur se passer du représentant, tant elle inspire de confiance à la solide clientèle formée par son zèle et les soins donnés aux ordres réunis. Mais Gobert connaît la crédulité humaine, et, renonçant aux voyages pour lui-même, il a choisi parmi ses anciens confrères un représentant auquel il a dit :

— Faites ce que vous devez, et nous serons satisfaits l'un de l'autre, car nos intérêts, nos avantages sont communs.

C'est sagement parler. La solidarité des intérêts ne ressort-elle pas, en effet, ainsi que l'observation l'indique, de la stricte observation des devoirs réciproques ?

Nous ne pourrions mieux terminer que par cet enseignement ce chapitre déjà bien long.

XII

LE MAITRE ET LA MAITRESSE D'HOTEL

Nous supposons le lecteur à vingt pas en avant de la perspective offerte à ses yeux. Il aperçoit un monument sans caractère propre et percé d'un grand nombre d'ouvertures. L'ensemble est banal, mais riant, vivant et grouillant. Les gens et les choses ont la physionomie affairée et alerte. Un remuement significatif secoue de bas en haut casseroles et draps de lit. Bruit sans éclat. De temps en temps quelques sonnettes secouées doublent l'activité des serviteurs munis de serviettes et de tabliers blancs. Une fourmilière n'a pas alors plus d'animation.

Point de doute pour l'homme expérimenté : il a devant lui une hôtellerie avec son personnel et ses divers ustensiles. Complétons-en la description en montrant son habitué ordinaire, sa plus belle parure, son couronnement et sa raison d'être : le voyageur de commerce, en un mot, ce protée humain chargé de toutes les qualités et des défauts de l'espèce sortie de la femme.

Au lever du rideau, un homme ordinairement paré d'un embonpoint distinctif, repose oisif sur un des bancs scellés aux deux côtés de la large porte. C'est le maître d'hôtel, personnage poli jusqu'à l'obséquiosité et familier parfois jusqu'à la désobligeance. D'autres l'appellent marchand d'eau chaude, par périphrase; il en prend lui-même en plaisantant la dénomination. Qu'on nous permette d'employer la dénomination vulgaire afin d'être mieux compris de tous.

Que fait le maître d'hôtel sur le banc? il ne fait rien; c'est sa fonction. Nous restreignons un peu ses prérogatives, car il s'utilise encore en malmenant les garçons. Ne doit-il pas stimuler son monde, en effet, de la chaise curule où il siége comme un colonel sur son cheval ? Or, ce paresseux excelle en cette besogne autant qu'à jouer la cordialité avec sa clientèle, et à voir son front vieux et ridé, il se peut bien que, dans son opinion, il porte tout le fardeau, ainsi que le fabuleux Hercule sous l'Atlas. Là se borne toutefois son rôle sur la terre : appeler et gronder les garçons.

Des observateurs irréfléchis ont supposé que le maître d'hôtel travaille la nuit et se refait le jour. Erreur profonde ! Ne vous arrêtez pas à cette conjecture mal fondée, ô lecteur chéri ! le maître d'hôtel, selon les auteurs bien informés, se couche à neuf heures du soir et dort sans désemparer à poings fermés comme un bourgeois complétement désintéressé dans le tracas de ce monde. Son occupation sérieuse et consécutive consiste à manger beaucoup et lentement, à digérer laborieusement ; c'est l'homme le mieux alimenté de France, le plus lourd et le plus inactif. On raconte des choses étonnantes du boa constrictor qui a dévoré un mulet et le sauvage qui le montait, y compris les plumes coloriées et la verroterie dont les indigènes se font un costume nécessairement léger pour ces pays chauds. Nous ne risquerons pas un rapprochement entre le boa et le maître d'hôtel.

Ce que nous pouvons dire de celui-ci en connaissance de cause, c'est qu'il a la vie heureuse, quoiqu'il prétende, et qu'un porc à l'engrais lui envierait sa nourriture saine, abondante et variée. Son intelligence sommeille, il est vrai, mais tout s'oppose à son réveil et le travail de la digestion absorbe tout l'organisme et le temps suffit à peine à ce labeur.

Gérant purement nominal d'un ménage très-constitutionnel, il laisse sa femme régner sur les embarras du gouvernement et sur le chef de cuisine. Son immunité essentielle le désigne pour contracter légalement au nom de la communauté. Les billets signés par lui, dénoncent seuls son existence à l'univers. Avec quelle importance magistrale, si vous voyiez ! il dessine soigneusement son paraphe sur le papier timbré ! et de quelle écriture de commis-voyageur remisé !

Écoutez-le discourir si vous en avez la patience et si le temps vous fatigue. A l'en croire, il a dans sa jeunesse représenté telle et telle maison de Nîmes, de Lille ou de Rouen, et vingt années n'ont pas effacé son souvenir de la mémoire de ses patrons. Sa prédilection est restée à l'un plus qu'à l'autre de ces derniers, et il la témoigne par le don gratuit chaque année d'une ou deux boîtes de conserves préparées par ses soins. Il vous montrera les remerciements reçus en retour, écrits ou choses transigibles. La reconnaissance en lui est perpétuelle, et un soldat de 1812 n'atteindrait pas au pathétique du maître d'hôtel parlant de son passé, quand son éloquence éveillerait toutes les légions du premier Empire.

Le maître d'hôtel a la sobriété d'un chameau : il boit peu et ne s'enivre jamais. Mais sa plus grande vertu (négative encore celle-là), c'est la liberté laissée à sa femme d'aller et de venir. Est-ce bien une vertu ou même une qualité ? Est-ce autre chose qu'une égoïste passiveté ? Le maître d'hôtel, tout bien considéré, n'a de prédilection que pour le repos et la grande existence. Nous lui passerions cette inclination, puisqu'elle est à sa portée, mais l'indignation nous transporte en l'entendant se vanter et prévaloir de ses occupations accablantes et continuelles. Et si on s'avise d'en douter, il s'écrie :

—Ah ! monsieur, vous ne savez pas ce

qu'est la surveillance journalière d'un établissement comme le mien !

Il se plaint et si fort et si volontiers qu'il persuade souvent les badauds superficiels dont nous parlions tout à l'heure. Sa femme elle-même, ce martyr sans palme, finit par le croire, car le gros homme fait une maladie tous les ans et sa vaillante compagne qui l'a épousé par amour et pour avoir un protecteur au milieu de sa clientèle masculine, n'a de bonheur véritable que le jour où elle parvient, à force d'économies, à acquérir pour lui un jardin en attendant une grosse métairie.

L'heureux objet de tant d'affection, qui employait si gaillardement dans la conversation le pronom possessif, redouble ses redondances de langage et devient un personnage, disant à tout propos : *mon* pré, *ma* terre, *mes* vaches, *mes* taureaux, *mes* carottes, *mes* navets et autres. Il se donne du mouvement, répond à peine aux voyageurs quand il en rencontre ; il les méprise même cordialement au fond du cœur. L'intérêt de sa santé l'exige, et cela lui réussit, car il ne se plaint plus de ses fatigues centuplées cependant, quoique légères. Et si le hasard, prodigue en rencontres fâcheuses, met sur votre chemin ce flatteur autrefois prosterné, à peine touchera-t-il du doigt sa coiffure végétale. C'est qu'il a bien autre chose en tête que des compliments et des *salamalecs !* Il est propriétaire, soigne ses foins et son orgueil. En cet état, il est dans son opinion, le plus fortuné mortel. Dieu le préserve du veuvage ! L'eau n'irait plus si abondante à son moulin, ni l'engrais à ses champs de luzerne. Il lui faudrait revenir à l'hôtel ou le mettre en vente. Comment iraient les choses s'il y revenait ? Mieux vaudrait, pour ses goûts et ses intérêts, vendre en se réservant par un bon traité le fumier des écuries si propice à sa fortune rustique.

Avons nous tracé une caricature ? A Dieu ne plaise ! La logique observation de soixante mille collègues répondrait au besoin, pour notre scrupuleuse véracité.

Au reste, sans crainte des redites, nous avouerons encore que l'exception est partout, même parmi les maîtres d'hôtel. Quelques-uns, nous le savons, n'ont rien à envier dans notre pays à l'urbanité, à l'active surveillance des hôteliers allemands si pleins de zèle et de véritable distinction, si grands seigneurs même dans leur accueil ! que ceux qui sont loin de ce modèle, et sont touchés de nos critiques, se rapprochent du type désiré. Leur intérêt lui-même appellerait leur attention sur une réforme personnelle. Mais se reconnaîtront-ils à notre portrait? Le bon La Fontaine l'a dit :

> Lynx envers nos pareils et taupes envers nous,
> Nous nous pardonnons tout et rien aux autres hommes.
> On se voit d'un autre œil qu'on ne voit son prochain.
>   Le fabricateur souverain
> Nous créa besaciers tous de même manière,
> Tant ceux du temps passé que du temps d'aujourd'hui,
> Il fit pour nos défauts la poche de derrière,
> Et celle de devant pour les défauts d'autrui.

Mais complétons notre profil.

Quelques maîtres d'hôtel, parmi ceux dont nous nous louons, ne se donnent pas une peine purement platonique. Un entre autres, excellent découpeur et président de sa table d'hôte, est assez détaché de lui-même pour exciter les appétits médiocres. Nous ne lui jouerons pas le tour de violenter sa modestie en célébrant tous ses mérites. Mais pourquoi dissimuler qu'il demeure à Bordeaux près du Grand-Théâtre, et que la douzième lettre de l'alphabet français est la première de son nom sans particule? qu'il reçoive ici l'expression bien sentie de notre affectueuse et reconnaissante considération. Cette indiscrétion cordiale, quelque voilée soit-elle, ne lui paraîtra pas, ainsi qu'à nos lecteurs, nous l'espérons, une dénonciation à la bienveillance générale et pour ce qui nous regarde, à la sienne toute particulière acquise à tous d'ailleurs. Ses nombreux commensaux ont trahi déjà bien avant nous sa bonté toujours alerte; bien des endroits où ce livre n'ira pas (malheureusement pour le succès souhaité) retentissent encore des louanges qu'il a conquises. Il nous pardonnera donc notre expansion indisciplinable. Son hospitalité si obligeante et si convenable toujours, corrigerait des ingrats.

Un fait, comme contraste. Dans une grande ville, qui n'est pas Bordeaux et que nous ne nommerons pas, par discrétion, un disciple de Carême fonde un hôtel. L'initiateur comptant sur le hasard fit servir à six heures, chaque soir, les quinze premiers jours, et bien qu'il n'eût aucun convive, un festin digne de feu Lucullus. Le dieu des cas fortuits ne trompa pas longtemps son attente. Un voyageur, qui tomba du chemin de fer au milieu de ce Balthasar, fit en six mois une si belle réclame, que le nouvel établissement refusa bientôt du monde. Il en refusa même tant et tant, principalement des voyageurs de commerce, auxquels il préféra des bourgeois, que l'ingratitude défît ce qu'une heureuse inspiration avait si bien commencé. Ainsi les empires finissent par l'aristocratie trop exclusive. N'avions-nous pas quelque raison d'être réservé sur le le lieu où réside cet *Hôtel du Commerce ?* Nos amis toutefois devineront ce que nous taisons, car ils ne sont pas nombreux, entre tant de médiocres, les hôteliers assez peu soucieux d'eux-mêmes pour mettre au rancart les éléments fondamentaux de leur succès. Celui dont il est question est un des pires logeurs, et fasse le ciel que le moule en soit brisé, car le maître d'hôtel est pour le voyageur la famille et l'amitié, et si des procédés inqualifiables de lésinerie mal entendue rendaient les voyages plus pénibles encore, si le repos confortable devenait impossible après les fatigues des affaires, ce serait le cas de désirer réalisée l'invention de la machine dont parle M. Prudhomme pour remplacer les représentants du commerce.

Par bonheur, l'urgence de cette trouvaille n'est pas imminente. On rencontre encore, grâce à Dieu, sur les chemins rocailleux que nous parcourons huit mois de l'année, de nombreux caravansérails où le voyageur altéré trouve des rafraîchissements et des égards. Il est même, dans quelques coins écartés, des maîtres d'hôtel portés hors de propos, selon nous, à plaire à leurs habitués. Cela dit pourtant sans critique désobligeante. Mais quand ces bienveillants hôteliers se garderaient d'inviter à leurs frais, à certains jours marqués par la gourmandise (le mardi-gras, le jour de Pâques, à Noël), les voyageurs descendus chez eux, peuvent-ils penser que les vins choisis, et particulièrement le vin de Champagne, couleraient à flots moins pressés pour cela ? Constatons, en passant, que cette ancienne coutume d'offrir gratuitement à dîner à certaines époques disparaît insensiblement avec les classiques hôteliers qui l'avaient conservée au bord du chemin que parcourt le commerce. Bientôt probablement la carte à payer n'aura plus de lacunes et nous n'aurons au débit de notre reconnaissance que les bons procédés et l'empressement de ces amis quotidiens à nous donner des renseignements exacts.

Le souvenir des bontés passagères nous

amène tout naturellement aux services qu'on ne peut oublier. Il s'agit des soins prodigués au voyageur malade. C'est l'affaire de la maîtresse d'hôtel, l'excellente femme, elle ne manque nulle part à ce devoir de sentiment, et le travail resté à sa charge suffirait presque pour l'en dispenser. Mais le cœur féminin dépense sans compter ses inépuisables trésors ! Le pauvre voyageur alité serait réellement l'homme le plus à plaindre si la main délicate de la maîtresse d'hôtel ne remplaçait près de lui celle d'une mère ou d'une femme absente.

La reconnaissance des voyageurs ne s'en est pas toujours tenue à l'encens, et une maîtresse d'hôtel, que nous pourrions désigner si les personnalités n'étaient interdites à notre cadre, a été par deux fois l'héritière de deux clients décédés sur le lit vénal qu'elle leur avait rendu doux et charitable dans les dernières heures de leur séjour ici-bas.

Nous aimons à raconter de pareils faits qui honorent l'une et l'autre partie.

Résumons-nous.

En général, et sauf modification probable, le maître d'hôtel serait nauséabond, si sa femme n'était un doux parfum. L'image est

peut-être orientale, mais elle rend notre pensée comme nous la concevons. En tout cas,
le voyageur rechercherait exclusivement les
hôtels tenus par le sexe sensible, mais des
maîtres d'hôtels veufs, comme celui de Bordeaux précédemment cité, le détournent
d'une préférence judicieuse mais sévère.

XIII

DERNIÈRE PAGE

Peut-être avons-nous trop rapidement, trop légèrement esquissé ces portraits, et il ne nous coûterait pas de réformer notre jugement. Nous eussions pu nous appesantir davantage sur les linéaments de ces physionomies diverses et en marquer plus distinctement les reliefs. Mais avons-nous eu tort de penser que nous écrivions pour la seule catégorie de lecteurs à laquelle nous voulions être utiles, et qui compléterait d'elle-même ce que nous n'avons fait qu'indiquer? On nous tiendra compte, nous l'espérons, de cette préoccupation qui nous faisait toujours craindre d'ennuyer de détails bien connus la majorité de notre public. Et si quelque lecteur, étranger au commerce, regrette notre dessin au trait et eût souhaité des ombres mieux accusées, qu'il ne nous impute pas à mal notre sobriété raisonnée : elle a sa raison d'être que nous venons d'expliquer, et si nous eussions tardé de l'observer, ceux pour lesquels ces pages sont spécialement écrites nous auraient, à bon droit, taxé de prolixité fastidieuse.

Notre sujet comportait, nous le savons, de plus amples détails, des particularités mieux fouillées. Nous avons dit tout à l'heure ce qui nous a retenu, sans parler du talent qui nous faisait défaut ; qu'il nous soit permis de signaler certains types passés, volontairement négligés. Le *Voyageur morose* aurait pu fournir quelques traits comiques en plus ; qu'ont à cacher ces gens ténébreux au milieu de cette corporation qui n'a rien de triste ? Cette question aurait exigé une réponse complexe et peut-être très-erronée, car les causes du chagrin varient avec les individus et il n'est pas de moraliste capable d'en dresser le catalogue. Le *Voyageur morose* nous a semblé pour ce motif être vraiment trop épisodique et trop général, aussi il échappait à notre programme par tous ces côtés multiples. Le voyageur mélancolique, en effet, est mélancolique, taciturne, rêveur, romanesque, aux mêmes titres que le reste des hommes. Il est ainsi parce qu'il est. Les détails rentrent tout à fait dans les circonstances particulières où le destin l'a placé. Cette explication, relativement insuffisante, est la seule possible pour nous qui ne faisons pas un roman, et la soumettre à nos lecteurs, c'est encore une fois, l'indispensable obligation où nous étions d'abandonner certains profils comme trop vagues ou rentrant dans les tableaux sortant de notre cadre.

De quelle sentine s'est échappé le *Voyageur morose* aux bottes éculées, à l'habit taillé dans un drap de billard, au pantalon gras aux genoux, éfiloché aux extrémités? Son origine est inconnue comme celle de son chapeau que vingt modes surannées ont épilé peut-être. Il est partout, on le rencontre dans les lieux inaccessibles; il place des choses invraisemblables et attend avec confiance une fortune cruelle longtemps, mais qui ne peut manquer de lui être sensible un jour ou l'autre. Il est pendu à toutes les sonnettes, offre du vin, des pendules, des lorgnettes, des biscuits de Rheims et des robinets à vendre. Le bourgeois comme le marchand reçoit sa visite ; les femmes solitaires tremblent en lui ouvrant leur porte. Ses traits israélites et son museau de furet n'ont rien de débonnaire, en vérité. Mais il peut être honnête, car les visages et les apparences sont trompeurs et combien de chrétiens d'ailleurs qui sont juifs avec leurs manières patelines !

Certes, ils sont nombreux les types restés en dehors des précédents, mais ou ils rentrent dans l'immense variété des originaux, ou ils touchent à des mœurs si inférieures, ont des habitudes parfois si dégradantes, que notre plume recule à les particulariser. Ils se dérobent d'ailleurs dans les voiles de l'hypocrisie, rendant ainsi, sous un masque d'emprunt, un involontaire hommage aux vertus qu'ils ne pratiquent pas. La minorité de ces honteux est infime au milieu de la nombreuse corporation qui s'en distingue par sa franchise, sa généreuse libéralité et sa sensibilité très-sérieuse, très-visible, très-éprouvée, et mise au jour à tout instant. Nous nous garderons bien de spécialiser les méchants à l'œil véron, furtif et hagard, leurs contraires étant facilement reconnaissables aux yeux les plus prévenus.

Quant aux péchés mignons des voyageurs que nous avons essayé d'esquisser, les patrons les connaîtront, comme on dit, à l'*user*. Usez donc, ô patrons. Mais permettez à un homme pénétré de son sujet de vous donner quelques avis qui ne seront pas sans utilité pour les voyageurs eux-mêmes.

Écoutez donc ceci, patrons. Ce sera notre moralité et notre dernier mot.

Que pourriez-vous faire sans courtiers, sans représentants, sans voyageurs, ces canaux de l'industrie et du négoce? Vous le reconnaissez, ils sont indispensables et votre sort dépend d'eux. Mais abusent-ils de leur importance? En aucune façon ; les voyages disposent à la légèreté et l'insouciance n'est ni avide ni ambitieuse. Quelques-uns, il est vrai, rêvent de vous succéder, voire même d'épouser vos jolies héritières, mais vos affaires se trouvent-elles plus mal de ce foyer d'émulation peu dangereux pour votre repos? Vous vous en trouverez bien, à tout prendre. Peut-être vous-même, dans votre jeunesse, avez-vous construit de ces châteaux en Espagne rarement plus solides que les châteaux de cartes? Où le mal serait-il que l'intelligence et le travail reçussent plus souvent leur récompense? Vous résistez déraisonnablement la plupart à reconnaître, comme il faudrait, les bénéfices que le voyageur vous amène. Permettez qu'on vous en blâme, ô patrons. C'est là vous nuire à vous-mêmes, car les maisons qui gardent leurs employés fidèles, sont celles qui savent les détourner, par des émoluments justement rémunératoires, de la tentation de s'*établir* eux-mêmes.

Et quant aux ambitieuses prétentions de devenir vos gendres, ô patrons, nous faisons aussi nos réserves. On comprend que des liens, certains engagements de famille ou de relation vous éloignassent de vous allier votre représentant, bien que plus d'une fille de bonne maison ait senti son cœur s'émouvoir au souvenir de ces excursionnistes commerciaux, gais, élégants, instruits, plus aimables en un mot que tous les fils de famille offerts à leur préférence et si forts à l'article sport et écurie. Un successeur choisi et chéri par votre enfant perpétuerait dignement votre nom et votre dynastie commerciale. Connaissez-vous le gendre de votre choix aussi bien que le voyageur qui travaille sous vos yeux et qu'un désir naturel porte à vous satisfaire toujours? Quelques sacs d'écus écartent quelquefois votre assentiment, mais s'ils se gagnent vite dans les affaires, ils se dépensent plus rapidement encore dans l'oisiveté, et un gendre inconnu, qui ne sait pas s'occuper, ignore quelquefois avec la science de l'épargne que le bonheur est sur le chemin de la médiocrité laborieuse. Le voyageur, lui, a connu les mauvais jours. La fortune lui survenant même à l'improviste, il y a cent à parier contre un que la prudence le préservera des folles équipées. La compagne qu'il devra à la généreuse condescendance d'un patron bienveillant aura comblé toute son ambition de bonheur et il n'en cherchera pas d'autre. En sera-t-il ainsi d'un fils de famille rêvant de chevaucher l'hippogriffe impossible? Et puis, songez-y donc, ô patrons qui repoussez votre représentant et ne le voulez pas pour gendre : le luxe mal compris ne vaudra jamais l'aisance pondérée par la balance au grand-livre. Songez-y, songez-y !

Reprochons aux voyageurs (chacun aura sa mercuriale ici) une trop grande facilité dans leurs rapports et leur vie au jour le jour. Ils ont une excuse et nous la connaissons. Seuls, toujours seuls ! nous crient-ils, nous faisons bon marché d'une responsabilité limitée à nous-mêmes. Donnez-nous des affections et des intérêts, et nous changerons bien vite, nous serons silencieux, réservés, rangés , convenables, et, comme d'autres, ferons souche d'honnêtes gens.

En attendant, ô patrons, ô voyageurs! une étroite solidarité nous lie, et, en vue d'un but commun, supportez-vous vos défauts. Restez unis, vous séparer vous exposerait les uns ou les autres à sombrer, comme on dit, de la poêle dans la braise, et de la fièvre en chaud mal.

Sur ce conseil suprême que vous dicte notre jeune expérience, permettez-nous de prendre congé, dans la flatteuse confiance que votre bienveillante attention nous a suivi jusqu'à ce dernier mot si agréable à écrire pour un auteur pressé d'être imprimé.

FIN

TABLE DES MATIERES.